幸福孕育在痛苦之中，光明誕生於絕望之處！
以此為名，震撼世界

激昂的筆耕者 Maxim Gorky

高爾基

潘于真，魏光樸 編著

最真實的經歷，最明亮的眼，

最樸實的筆，譜出最動人的故事

曠野漂流，眼底盡是對底層百姓的溫柔，他是無產階級文學的始祖
走上街頭，參與示威遊行目睹慘案，他是社會主義現實主義奠基人
——蘇聯文學的代表馬克西姆·高爾基

目錄

目錄

序

　　馬克西姆‧高爾基（Maksim Gorky），原名：阿列克謝‧馬克西莫維奇‧佩什科夫（Alexei Maksimovich Peshkov, 1868 ～ 1936），俄國偉大的小說家、劇作家、詩人、政論家和文藝批評家，也是俄國現實主義文學的奠基人。他的主要作品有劇本《小市民》（*The Philistines*）、《敵人》，散文詩〈海燕之歌〉（*Pesnya o burevestnike*），自傳體三部曲《童年》（*My Childhood*）、《在人間》（*My Apprenticeship*）、《我的大學》（*My Universities*），以及許多童話故事和評論文章等。

　　高爾基出身貧苦，幼年喪父，11 歲就在社會上奔波，但他人窮志不窮，在業餘時間勤奮讀書，並於 1892 年發表處女作《馬卡爾‧楚德拉》，不久開始在地方報刊當編輯、記者。1898 年即出版兩卷集《隨筆和短篇小說》，從此蜚聲俄國和歐洲文壇。

　　1900 年，高爾基參加知識出版社的工作。1901 年，高爾基因發表散文詩〈海燕之歌〉被逮捕。在被捕期間，高爾基的創作轉向了戲劇，並引起俄國劇壇巨大轟動。

　　高爾基於 1906 年秋從美國到義大利，定居卡布里島，成立了一個培養革命家和宣傳員的學校。此後，他創作了長篇小說《瑪特維‧克日米亞金的一生》、中篇小說《夏天》和劇本《最後一代》，以及《俄羅斯童話》等一批優秀作品。

　　1921 年夏天，高爾基因病復發出國就醫，直至 1928 年基本上住在義大利特倫托。期間發表了回憶錄《列夫‧托爾斯泰》和特寫《列寧》，完成自傳三部曲《童年》、《在人間》和《我的大

學》，以及長篇小說《阿爾塔莫諾夫家的事業》（*The Artamonov Business*）等作品。

1928 年高爾基回國，1931 年起定居莫斯科。

1936 年 6 月 18 日，高爾基在哥爾克逝世，享壽 68 歲。

高爾基所處的那個年代，正是俄國文學空前繁榮的時代，然而，高爾基卻以他與眾不同的寫作風格，走進俄國文壇。由於他出身於社會底層，所以他格外了解百姓生活的疾苦，在世界文學歷史中，他的作品第一個在創作中真實而生動地歌頌了無產階級的革命抗爭，塑造了一群光輝的英雄形象，開創了無產階級文學的新紀元。

高爾基不僅是偉大的文學家，而且也是傑出的社會活動家。他成立了蘇聯作家協會，並主持召開了全蘇第一次作家代表大會，培養文學新人，積極參加保衛世界和平的事業，對馬克思主義文藝理論和社會主義文化事業作出了重大貢獻。

高爾基是偉大的無產階級作家，被列寧稱之為「無產階級藝術的最傑出的代表」。他的文學創作和文學理論觀點，是全世界無產階級的共同財富，對國際工人運動和民族解放運動，以及無產階級文學產生了正面的影響。

從 20 世紀初開始，他的作品陸續被介紹到中國。他的許多小說、劇本和論著都不僅有了中譯本，而且還被編選成單卷、多卷的《高爾基文集》出版，對中國五四運動以後新文學的發展有重要影響。

出身不幸家庭

　　1868 年 3 月 28 日，在俄國窩瓦河畔下諾夫戈羅德城的一戶木工家裡，一個呱呱墜地的小生命睜開了眼睛。

　　高爾基的祖父是沙俄時代一個殘暴的軍官，由於他殘酷地虐待部下，被沙皇尼古拉一世降了職。他不僅在軍隊中殘暴，在家庭中也是個暴君。高爾基的父親馬克西姆‧佩什科夫小時候受盡了他的鞭打。

　　由於不堪忍受父親的暴行，馬克西姆從 10 歲至 17 歲之間，經常離家出走，最後一次，他成功地逃離了家庭，到下諾夫戈羅德城的一家木器店裡當上了學徒。

　　馬克西姆是個聰明善良、樂觀開朗的人，他在年滿 20 歲的時候就已經成為一個上好的細木匠、裱糊匠和裝飾匠。

　　他工作的木器店旁邊是一家染坊店，這家店的老闆名叫卡希林。卡希林曾是窩瓦河上的一名縴夫，經過三次航行，他成了商船隊裡的一個領班。後來他從事染布業，當上了老闆。

　　卡希林有個漂亮的大女兒瓦爾瓦拉，因為他在社會底層苦苦掙扎了一輩子，所以希望女兒能夠找一個好的歸宿。但讓他沒有想到是，瓦爾瓦拉居然愛上了貧窮的馬克西姆，她認定這個樸實勤勞的年輕人是自己可以託付一生的人。

　　瓦爾瓦拉不顧父親的反對，毅然嫁給了馬克西姆，她就是高爾基的母親。

出身不幸家庭

對於女兒的忤逆，卡希林一開始甚至不和他們來往，直至小外孫出生，他才承認了這個女婿。

儘管卡希林一直對女兒一家不理不睬，但他的妻子，小高爾基善良的外祖母阿庫林娜・伊凡・諾芙娜，卻從小外孫出世就擔任起了照顧他的職責。

阿庫林娜太太年輕時曾經是巴拉赫納的一個織花邊的女工，她胖嘟嘟的身體，大腦袋，大眼睛，鼻子上皮肉鬆弛，常常穿著一身黑衣，看上去整個人軟軟的。小高爾基非常喜歡和她在一起。

1871 年春，也就是高爾基 3 歲那年，他的父親馬克西姆得到了伏爾加輪船公司駐阿斯特拉罕的輪船營業所經理的職務，於是全家人都離開下諾夫戈羅德城，搬到了阿斯特拉罕去。

新生活讓小高爾基快活不已，因為這段時期的他是整個家庭的中心，父親的收入也足夠全家花用，年幼的高爾基覺得自己是世界上最快樂的小孩。

然而，不幸的事不久就發生了，幾個月後，阿斯特拉罕地區流行霍亂，年幼的高爾基病倒了，接著他的父親馬克西姆也病倒了。

在母親和外祖母的細心照料下，小高爾基活了過來，而他父親的病情卻一天比一天嚴重。

有一天，馬克西姆睡著了就再也沒有醒來。小高爾基看見自己的母親和外祖母圍著父親哭了起來，非常奇怪，因為他從來沒有見過大人們哭，而且家人也常常教育他不要隨便哭泣。

小高爾基呆呆地望著這奇怪的一幕，他的外祖母過來拉著他的手說：「孩子，快去跟你的父親告別，你以後再也看不見他了。」停了一下，外祖母又說：「唉！他還那麼年輕，他不應該這麼早就死啊！」

小高爾基剛患過一場大病，現在勉強剛能下床走路，他看見母親圍著父親哭，心裡雖然難過卻哭不出來。

幾天後的一個雨天，是馬克西姆先生下葬的日子，母親因為身體太虛弱了沒有去。外祖母帶著年幼的小高爾基去給馬克西姆送葬。

在那個荒涼的墳場的角落裡，小高爾基站在一個小山坡上，眼睜睜地看著父親的棺材被放進一個積有雨水的深坑裡面，坑底還有好幾隻青蛙，其中兩三隻還爬到了黃色的棺蓋上面。

外祖母哭得很傷心，她拉著小高爾基的手忽然問：「孩子，你為什麼不哭呢？你應該哭啊！」

「我！我哭不出來。」小高爾基小聲地回答，因為他覺得自己實在找不到哭泣的理由，平時當他受了委屈或者遭遇疼痛的時候，他總是很輕鬆地哭起來，而在那種時候，他的父母總是告訴他做人要堅強，不要隨便掉眼淚。

可是這一次，為什麼外祖母一定要自己哭出來呢？難道就是因為自己的父親被埋在了地下嗎？不滿４歲的小高爾基根本就不知道自己的父親被埋以後，就再也見不到他了。

他還沒有體會到失去父親的真正含義，親人的死亡對他來說，就如同是出了遠門，過些日子也許還會回來的。他哪會知

道，這就是自己與父親的永別呢？

多年以後，當高爾基真正明白了死亡的含義以後，為了紀念父親，他選擇了父親的名字馬克西姆作為筆名，而他的原名阿列克賽‧馬克西莫維奇‧佩什科夫反而很少有人知道了。

寓居外祖父家

埋葬完父親以後，小高爾基和外祖母回到家中，外祖母對他說：「現在你的父親沒了，家裡沒有經濟來源，所以我們必須離開阿斯特拉罕，重新回到下諾夫戈羅德城。」

聽她這樣說，小高爾基本想去詢問一下自己的母親。但他看見，自從父親生病並被人抬走以後，母親就像變了一個人一樣，她不再將自己打扮得漂漂亮亮的，臉上也沒有了常見的笑容，這讓小高爾基非常不習慣。

好在他的外祖母是個慈祥的老太太，她安慰小高爾基說：「這些天你就不要去煩你的母親了，她的心裡很難受。」

為了讓小外孫開心一點，外祖母把小高爾基抱在懷裡，為他講起了故事：

「在天堂的草地中央，有一座山崗，山崗上面有一個藍寶石寶座，上帝就坐在這個寶座上面。那裡有許許多多的菩提樹，為了使上帝的信徒們高興，菩提樹永遠是枝繁葉茂的。那裡沒有冬天也沒有秋天，花朵永遠也不會凋落。

「上帝的身邊有無數天使，這些天使有時繞著上帝歡快地飛翔，有時像白鴿兒一樣飛到人世間，然後再飛回天上，把凡界的事情報告給上帝。上帝對每一個人都是公平的，因此我們在人間必須要做一個好人，不然就會得到上帝的懲罰。」

寓居外祖父家

老人講故事的時候，聲音很低，很神祕。她俯下身子湊近小外孫的臉，睜大眼睛注意地看著他，彷彿是往小高爾基的心裡灌輸使他振奮的力量。

小高爾基第一次聽到這麼美妙的故事，感到非常有趣。他聽完一個故事後，意猶未盡，便要求外祖母再講一個。

外祖母見他那麼感興趣，也總是興致勃勃又為他講一個。外祖母在講故事的時候，有時還故意做出故事中的一些頑皮動作逗樂小高爾基。一個一個的故事，使小高爾基暫時忘記了自己的父親，也忘記了變得有些讓他不習慣的母親。

不久，小高爾基和母親跟著外祖母踏上了開往下諾夫戈羅德城的輪船。從此以後，小高爾基將開始新的生活。

此時的小高爾基還少不更事，他覺得眼前的一切都是那樣的新鮮。在船艙裡，他伸直了脖子望著船艙外的一切，對什麼事物都感到好奇。

外祖父一家在船到達下諾夫戈羅德城的時候，迎接他們。小高爾基第一次見到外祖父就沒有好印象。

外祖父卡希林是一個矮小乾瘦的老頭，他走到小高爾基面前，詢問道：「你是誰家的孩子呀？」

小高爾基抬頭望了他一下回答說：「我，我是從阿斯特拉罕來的，是從一艘船上跑下來的。」

卡希林先生聽了小外孫的話感到非常好笑，他沒等小高爾基說完，就推開小外孫對女兒瓦爾瓦拉說：「天啦！他說的什麼呀？」然後就只顧著跟女兒聊了起來。

外祖母又把自己的兒子和媳婦們介紹給小高爾基：「來吧！我的孩子，你都來認識一下。這是你的米哈伊洛舅舅，這是雅科夫舅舅，這是娜塔莉婭舅媽；這是你的兩位表哥，他們都叫薩沙；還有你的表姐琳娜。以後我們大家就是一家人啦！」

小高爾基挨個禮貌地向親人們問好，此時的他知道了那個叫做米哈伊洛的舅舅是母親的大弟弟，他像外祖父一樣乾瘦，把黑頭髮梳理得非常整齊。雅科夫舅舅則是母親的小弟弟，他的頭髮是淺色，捲捲的，顯得非常精神。娜塔莉婭舅媽是米哈伊洛舅舅的妻子，她挺著大大的肚子，穿著鮮豔的衣服，和外祖母走在最後。

小高爾基第一次與外祖父家的人見面，就感到在這些親人裡面，不論是大人還是小孩，都對自己充滿著敵意。特別是自己的外祖父，他那刀子一樣的眼神，讓年幼的高爾基產生了莫名其妙的恐懼感。他不知道這到底是什麼原因，只好緊緊跟在外祖母的身後。

高爾基到外祖父家後不久，他就發現，在外祖父家的生活與自己阿斯特拉罕家溫暖和睦的生活是完全兩樣的。

外祖父卡希林先生的染坊廠由於受到機織棉布生產的影響，加上機器印花布的普及，生意時好時壞。所以卡希林的心情非常壞，爭吵和打架的事件在這個新家裡常常發生。

就在他和母親到達外祖父家後不久，兩個舅舅就和外祖父吵了起來。

那一天，大家都圍著廚房裡的桌子旁吃飯，兩個舅舅忽然站了起來，他們吵吵嚷嚷地要求分家。

寓居外祖父家

卡希林先生氣得暴跳如雷，他用飯勺敲著桌子，臉漲得通紅，像公雞一樣尖著嗓子向兩個兒子大聲地叫道：「你們這是要造反啦！都給我滾出去要飯去！」

外祖母阿庫林娜太太痛苦地說：「分吧！分吧！省得他們再吵！」

卡希林先生對著庫林娜太太吼道：「你給我閉嘴，他們都是被你慣的！你真是教子無方啊！」

這時候，米哈伊洛舅舅突然舉起手臂給了雅科夫舅舅一個耳光，雅科夫大吼一聲，抓住米哈伊洛，兩個人在地上滾成了一團，小小的屋子裡發出一陣喘息、叫罵和呻吟的聲音。

後來，小高爾基問外祖母，大人們為什麼要打架。外祖母告訴他，在他和他母親回到這個家之前，他的兩個舅舅就已經鬧著要分家了。現在他們母子回來，兩個舅舅擔心小高爾基的母親回來要回那份本來屬於她的嫁妝。舅舅們認為嫁妝應該分給他們。此外，他們還希望自己能夠得到外祖父的染坊。

從這以後，高爾基就經常看見兩個自私自利的舅舅為了爭奪家產而大打出手。

知道這些事後，高爾基很難過，他為自己有這樣的親戚而感到羞愧。在這個家裡，他最喜歡和外祖母待在一起，他覺得真正關心與愛護自己的只有外祖母。事實上，她也是高爾基童年唯一的保護人。

每天晚上，小高爾基都和外祖母睡在一起，她會給這可愛的小外孫講一些豐富、生動、優美的童話和民間歌謠。一個一個的

夜晚，外祖母把自己對俄羅斯大自然的熱愛，對童話、民歌的熱愛都傳給了幼年的高爾基。

外祖母是善良的，她熱愛大自然和一切有生命的東西。她收養了「棄兒」小茲岡。她甚至從貓嘴裡搶下「小八哥」，並把它的傷治好。在夏天和初秋的時候，外祖母經常帶著高爾基到森林裡去採集青草、野果、蘑菇和核桃，用賣這些東西的錢餬口或施捨給窮人。

外祖母教育小高爾基，壞事是由生活的困苦而產生的；大家生活在這個社會上，要學會互相關心才能得到上帝的關懷。

高爾基深深地熱愛他的外祖母，因為她有那麼多光明的、人性的東西。她以自己做人的道德力量，用對人生的熱愛為高爾基喳下了不懼邪惡、追求真理的精神的「根」。

與傭工交朋友

自從兩個舅舅打架後不久，小高爾基的母親就不知去了哪裡。一天早上，當高爾基醒來的時候發現母親不在身邊，他就起身去廚房找到外祖母。

小高爾基問外祖母：「外婆，我的媽媽去哪裡了？」

外祖母說：「來，孩子，我正要告訴你呢！你的媽媽出門去賺錢了，她必須賺錢養活你啊！她是一個母親，有義務和責任養活自己的孩子。」

小高爾基似懂非懂地點點頭，他覺得自己在外祖父家裡更孤獨了。後來，他和外祖父家的幾個傭人交上了朋友。

一位是善良的青年學徒茲岡，他是小高爾基外祖母收養的一個棄嬰，現在已經 19 歲了。茲岡非常勤勞，外祖父卡希林先生非常器重他。

茲岡非常喜歡和小高爾基以及其他的孩子們玩，在高爾基第一次被外祖父打的時候，他主動出來幫助他。

在染坊裡，小高爾基對大人們給布料染色的技術非常感興趣，他不明白，黃布遇到黑水為什麼就變成了寶石藍，而灰布遇到黃褐色的水為什麼就變成了櫻桃紅。

小高爾基覺得這太奇妙了，他很想自己動手試一試。他把這個想法告訴給了自己的小表哥雅科夫舅舅的兒子薩沙。

薩沙又黑又瘦，雙目前凸，講起話來吞吞吐吐，常被自己給

噎住。他喜歡到處東張西望，好像在窺伺什麼東西一樣。大家都認為他是個乖孩子。他喜歡圍著大人轉，跟誰都挺好的，誰叫他做點什麼，他都會聽命。

雖然高爾基也不怎麼喜歡這個小表哥，但他想到只有這個哥哥能夠幫助自己時，他就虛心向小表哥詢問：「薩沙表哥，我想學染色，你能幫我嗎？」

薩沙一本正經地回答：「我知道白色的布是最容易著色的。」並建議高爾基從櫃子裡把過節時用的白桌布拿出來，把它染成藍色。

高爾基把沉甸甸的桌布拽了出來，費力地拖著它走到院子裡，當他剛把一塊布角放進寶藍色的染桶裡的時候，茲岡不知道從哪兒跑了出來。

茲岡一把把布奪過去用力擰著，並向在一邊盯著高爾基工作的薩沙喊道：「去，把你奶奶叫來！」

茲岡轉過身來對驚慌失措的高爾基說：「完蛋了，小朋友，你知道你做了什麼嗎？」

外祖母飛快地從屋裡跑出來，大叫一聲，幾乎想要哭出聲來，她大聲說道：「啊，我的上帝，看看你都做了什麼！」

可她馬上又想起了什麼似的，對茲岡說道：「茲岡，我的孩子，你可千萬別跟老頭子說！盡量把這件事瞞過去吧！」

茲岡一邊在花圍裙上擦手，一邊擔心地說：「奶奶，我這邊你儘管放心，我會為這可憐的孩子保守祕密的，只是薩沙就……」

外祖母打斷了他的話說：「這樣的話，我會給他兩個戈比。」說著，就把高爾基領回屋裡。

每個星期六晚上，外祖父一家都要坐到屋裡一起祈禱，在祈禱之前，外祖父總是從水桶裡撈起長長的樹枝，把在這一星期中犯有過錯的孩子痛打一頓。

此時的高爾基才知道，自己染色的那一塊布原來是外祖父家中過節時才能使用的桌布，它非常珍貴。

由於他的過錯，外祖父生氣極了，他很快查出了罪魁禍首就是自己的小外孫高爾基。這一次，外祖父要教訓小外孫了。

外祖母見狀，不顧一切地抱起外孫，對老頭子說：「你不能打佩什科夫，我不能把他給你。你這個魔鬼！」

儘管外祖母用盡全力去保護小外孫，但小高爾基還是被外祖父無情地搶了過去。卡希林先生把老婆推倒在地，從手中奪過外孫，抱到凳子上。

高爾基在外祖父的手中掙扎著，哭喊著，他拉外祖父的鬍子，咬他的手指。卡希林先生更加生氣，他夾緊了外孫，惡狠狠地將他撂在長凳上，用浸泡過的樹枝抽了起來。

茲岡跑過去用自己的手臂去擋鞭子，他認為，自己的皮肉很厚，可以將卡希林先生的樹枝折斷，然後趁卡希林先生換另一條鞭子的時候讓外祖母把小高爾基帶走。但他沒有想到，卡希林先生的樹條早被水浸得很結實，極有韌性，根本就折不斷。

這一次，外祖父把高爾基打得失去了知覺。接著小高爾基就大病了一場。生病的日子，高爾基的印象非常深刻，他感覺自己

長得很快，並且有了奇異的感覺。從那時起，小高爾基就懷著不安的心情觀察人們，對於一切屈辱和痛苦，不論是自己的或是別人的，他都會感受到錐心的疼痛。

在外祖父家裡，高爾基的另外一個好朋友是老工人葛利高里。他給高爾基的外祖父做了一輩子的工作，最後因為過度勞累而成了快要瞎掉的人。

高爾基的兩個舅舅經常給這位可憐的老人開些無聊的、殘忍的玩笑。有時，舅舅們會叫自己的兒子把葛利高里工作用的工具頂針用鉗子夾到火上去拷，等到把頂針燒熱以後，他們再悄悄地把頂針放到葛利高里老人的手邊，看著老人因受燙而痛苦的樣子取樂。

有時，他們又把顏色不同的布料偷偷地放在這個半瞎的老人手邊，看著他把它們縫成一匹布，然後又看著他挨主人卡希林先生的罵。

對於兒子們的這些把戲，外祖母總是握著拳頭警告他們：「你們這些討厭鬼，就知道捉弄人，真是不要臉的東西、壞蛋！」

有一次，高爾基看見雅科夫舅舅喝了很多的酒，他醉得不像樣，不停地撕扯自己的衣服，不停地敲擊自己的腦袋，抓頭髮、扯鬍子、捏鼻子、甚至擰自己的嘴唇，滿臉都是淚水。

這讓高爾基很不理解。他一直覺得，雅科夫舅舅是個很快活的人，雖然他經常作弄葛利高里，但他一直得到外祖父卡希林的喜愛。

高爾基去問葛利高里，小舅舅為什麼哭？為什麼罵自己、打自己？

與傭工交朋友

葛利高里把高爾基抱到膝蓋上，告訴他：「你舅舅把你舅媽打死了，現在他受良心的譴責，你懂嗎？不過，這些事情你怎麼能懂呢？你最好什麼也不要知道，不然你會完蛋的！」

高爾基問葛利高里，舅舅為什麼會把小舅媽打死呢？

葛利高里說：「他打她，也許是因為她比他好，他嫉妒她。小孩，你不知道，卡希林父子的嫉妒心很強，他們的眼裡根本容不下比他們強，比他們好的人，他們總是使一些把戲去折磨她。」

停了一下，葛利高里繼續說：「不過，你的外祖母可是個好人，她什麼話都說，但她不喜歡說謊，也不會說謊。儘管她常常抽鼻煙，而且還酗酒，但她淳樸得就跟聖徒一樣。她整天都好像無憂無慮，憨憨的。你記著我的話，一定要好好愛你的外祖母，永遠陪伴著她。」

漸漸地，高爾基和茲岡、葛利高里都成了很要好的朋友。外祖母整日要忙家務，根本顧不上照料小外孫，年幼的高爾基每天只好從早到晚都圍著茲岡和葛利高里打轉。

外祖父的脾氣不好，經常一生氣就打高爾基，每次挨打的時候，茲岡總會把手臂伸出去先擋幾鞭子。這幾鞭子雖然不算什麼，但也令他難受。

有一次，他捲起袖子讓高爾基看他腫起來的傷口，並故意裝出埋怨的樣子說：「唉！根本沒用啊！就算我的手臂被打腫了，你還是得挨揍，而且你挨得一點也不比原來輕。這樣的話，下次我可不管你了，你要自己照顧自己哦！」

茲岡儘管這樣說，但當高爾基下次挨打的時候，他還是照樣伸出手來去擋鞭子，還是照樣增加一處新傷疤。

　　高爾基奇怪地問他：「你不是說不再管我了嗎？為什麼還要替我挨打呢？」

　　茲岡嘆一口氣，做出一副無辜的樣子說：「唉，我也搞不懂自己的手啊！當看見你挨打的時候，我的手就會不由自主地伸過去呀！」隨後，他又神神祕祕地對高爾基說：「我告訴你，下次再挨打的時候，千萬別抱緊身子，要鬆開、舒展開，要深呼吸，喊起來要像殺豬，懂嗎？」

　　說完，他又向高爾基擠擠眼，說：「沒問題，小朋友，這方面我有經驗呢！聽我的準沒錯，我就是被你外公揍大的。看，我全身的皮都被他打硬了！」

　　茲岡的話讓高爾基感到既好笑又感動。但遺憾的是，他們的友誼並沒有維持多久，就被一場意外給終止了。

　　這天，是高爾基的小舅媽的忌日，兩個舅舅叫茲岡背十字架去上墳。因為十字架太重了，茲岡被壓得跌倒在地，背脊斷裂，後因流血過多，不幸死去。

　　高爾基親眼見到自己的好朋友茲岡的身體被抬了回來。茲岡的全身是血，身體不停地抽搐，他的嘴裡不停地吐著血泡，喉嚨裡還發出低低的哼叫聲，後來聲音越來越小，直至不能發出一點聲音。

　　儘管高爾基已經不是第一次遭遇與親人的生死離別了，但這一次，經過了近一年成長的他似乎終於明白了死亡到底是怎麼回事。

　　高爾基守在茲岡的身旁，他一想到再也不能和茲岡聊天開玩笑，就難過得不行。

　　到了晚上，高爾基問外祖母：「外婆，上帝為什麼要收走茲岡？他是一個多好的人啊！」

　　外祖母說：「啊！這你都不知道麼，我的傻孩子，因為上帝也喜歡我們的茲岡呀！他這是要把茲岡收去當天使呢！要知道，能當上帝寵愛的天使也是非常不錯的呢！」

　　高爾基又問：「那麼，上帝為什麼不收走我呢？我也想當天使呢！」

　　外祖母哈哈一笑說：「哦，這個啊！你在人間的苦難還沒有受完啦！一個人，只有把他一生所有的苦難都受完了，才能上天當天使呢！不然，死後就會變成魔鬼，永遠只能待在地獄。」

　　「可是，茲岡還很年輕啊！難道他的苦難都受完了？」高爾基還是不懂。

　　外祖母回答說：「哦！我的孩子，茲岡一出生就被父母拋棄了，他的苦難從那個時候就開始了。所以我敢肯定地說，他的苦難已經受完了。」

　　不等高爾基繼續問，外祖母便快速地結束了談話：「快睡覺去，小鬼。今天你的問題怎麼這麼多？」說著，她抓住被子的邊邊，用力一拉，高爾基被拋到空中打了個轉，落到鴨絨褥墊上。

　　外祖母一邊大笑著，一邊抓起高爾基把他塞進被子裡。高爾基蓋上被子，睡覺去了。

火災造成惡果

　　每天晚上睡覺前，外祖母都會跪到臥室那個發暗的聖像前，一隻手按在胸口上，另一隻手不停畫著十字，向著上帝做祈禱。

　　每當這時候，小高爾基就會躺在大床上，裹上被子，仔細地聆聽外婆的禱告詞。他覺得，聽外祖母祈禱是一件很有趣的事。

　　外祖母會把一天之中的家務事以及歡樂和煩惱都告訴給上帝，她本來就胖乎乎的，跪在那就更顯得臃腫龐大，彷彿像一座小山。剛開始，她唸得很快，語言也含混不清，接著，她便嘟嘟囔囔地如同說起了家常一般。她這樣唸著：

　　「萬能的主啊！您知道，每個人都想過上好日子！米哈伊洛是我的長子，理應住在城裡，如果叫他搬到河對岸去住，這對他是不公平的。況且，那個地方差不多從來沒有人住過。唉！不知道會有什麼事發生。可他父親比較喜歡雅科夫，有點偏心！所以我請求主啊，請您開導這個頑固老頭吧！您告訴他，讓他明白該怎麼給孩子們分家！」

　　她眨著又大又亮的眼睛，望著聖像，虔誠地說：「萬能的主啊！求您一定要幫幫我啊！」

　　然後，她慢條斯理地畫十字、磕頭。她的頭很大，磕在地板上「咚咚」作響。最後，她直起身子，又開口說：「請您賜給瓦爾瓦拉歡樂和幸福吧！她不會惹您生氣吧！您是明白的，她是個好人，不應該讓她遭這麼多罪啊！她還很年輕，不應該讓她在悲

火災造成惡果

哀裡過一輩子啊！萬能的主啊，您也不要忘了葛利高里！如果他真的瞎了，他就只好去討飯了！他可是為我們老頭子耗盡了心血啊！您可能認為我們老頭子會幫助他吧！唉，主啊！這是不可能的啊！」

說罷，她便虔誠地低下頭，雙手垂下來，屏息靜氣，一動不動，像是睡著了似的。

一會兒，她又皺起眉頭，喃喃自語地說：「唉，還有什麼沒有說呢？噢，對了，求你救救所有的正教徒，施之以憐憫吧！還請您原諒我，我的過錯不是出於本心，只是因為我的無知啊！」

她嘆息一聲，滿足地說：「萬能的主啊！您無所不知，無所不能！」

高爾基對外祖母的上帝抱有很大的好感，因為他覺得外祖母口中的上帝非常親近，所以他總是纏著外婆說：「外婆，給我講一講上帝的故事吧！」

外祖母說：「普通人是看不見上帝的，如果你一定要看，就會成為瞎子。只有聖人才能見到他。不過，我是真正見過天使的。當你的心靈一片清澄的時候，他們就會出現。有一回我在教堂裡做晨禱，祭壇上就有兩個天使清清亮亮的，翅膀碰到了地板，好像花邊一樣。他們繞著寶座走來走去，給伊利亞老神父幫忙。他已經非常老了，他想舉起手向上帝祈禱，但是力不從心。

「於是，這兩個天使就托著他的手臂，助他一臂之力。他已經完全雙目失明了，走路時磕磕絆絆的，不久他就死了。我看見了那兩個天使，我太興奮了，眼淚嘩嘩地往外流。他們真是太美

了！噢！我的小佩什科夫，你要記住，不論是天上還是人間，凡是上帝的，一切都是美好的。」

高爾基問道：「那麼，我們這裡呢，也是美好的嗎？」

外祖母在胸前畫了個十字，回答道：「是啊！我們的生活也是美好的啊！這真該感謝上帝的保佑呢。」

高爾基很懷疑外祖母的話，他覺得外祖父家的日子並不如自己阿斯特拉罕家的日子好。他心目中的家，人人都應該相親相愛，而不是像外祖父家中這麼爾虞我詐。

有一天，高爾基從米哈伊洛舅舅的房門前走過，看見穿了一身白的娜塔莉婭舅媽雙手按住胸口，在屋子裡亂竄亂喊。她聲音不高，但卻很可怕地說：「上帝啊！把我召回去吧！把我帶走吧！」

高爾基看見，娜塔莉婭舅媽無神的眼睛底下有幾塊瘀青，嘴唇腫著，他問外祖母：「外婆，舅舅打舅媽了嗎？」

外祖母嘆了氣回答：「是啊！這個畜生，你外祖父不許他打她，他就常常在晚上偷打。這個渾小子，像一條瘋狗似的。不過，你舅媽也太善良了，軟得像棉花似的。」

外祖母繼續說：「現在他不像從前打得那樣厲害了，只是從耳朵打她幾下，揪一會兒辮子，就完了。從前，你舅舅一折磨起她就是幾小時！」

高爾基感到不可思議，他又問：「可是，難道舅舅不知道舅媽要生小弟弟了嗎？你看舅媽的肚子那麼大啊！」

外祖母聽了外孫的話，感到好笑，她回答說：「所以我說他現在打得要輕些了啊！換了從前，那才是真要命呢！」

火災造成惡果

　　高爾基不知道該說什麼好了，外祖母卻頗有興致地說了起來：「你外祖父也有這種惡習，有一次他打我，從復活節的第一天午禱時開始，一直到晚上都沒停手。這個死老頭子，抓起什麼都打，什麼木板、繩子的，都用上了。」

　　高爾基眼睛睜得大大的，他有些不敢相信地問：「他為什麼打你？」

　　外祖母嘟囔道：「鬼知道呢！有一回，他打得我差點死掉，一連5天沒吃沒喝，唉！我這條老命都是撿來的喲！」

　　這使高爾基驚訝不已，因為他看到外婆的體積幾乎是外公的兩倍，她難道真的打不過他？他隨口便問：「難道是他的力氣比你大？」

　　外祖母哈哈一笑說：「那到不是。」想了想，她又說：「只是他的歲數比我大，又是我的丈夫！這是上帝的安排，叫他來管束我的，所以我只能忍氣吞聲啦！哎！你知道，上帝的旨意是不能違背的啊！」

　　一天夜裡，外祖父的染坊失火了，明晃晃跳動著的火苗令人目眩。這時外祖母的行動把高爾基嚇壞了，只見她頭頂空布袋，身上裹著棉被，衝進火裡去搶那快要爆炸的硫酸鹽。

　　搶出這件危險品後，她又打開大門，朝那些跑進來的人們邊鞠躬，邊說道：「各位好心的鄰居，快幫一下忙吧！火就要燒到倉庫，燒到乾草棚了，求求你們了！如果我家燒光了，你們也都免不了要遭殃。好心的人們，求求你們了，看在上帝的份上，過來幫一下忙吧！」

外祖母在院子裡東奔西跑，哪有事就到哪，所有的人都聽她指揮。她眼觀四處，耳聽八方，火光使馬棚裡的馬受到驚嚇，外祖母搶先上前去，奔到直立起來的馬的前腿下面，張開兩手擋著它。馬悲哀地長鳴一聲，斜視著火焰，順從地向她湊近來了。

　　大火過後，懷孕的大舅媽娜塔莉婭受到驚嚇，難產而死。高爾基的另一位朋友葛利高里被大火熏瞎了眼睛，被外祖父趕出家門，淪為乞丐。

　　經過一場大火，外祖父家裡的兩個兒子矛盾更加尖銳。這一年春天，外祖父只好讓兩個舅舅分家了。小舅舅雅科夫留在城裡的染坊中繼續從事染坊業，大舅舅米哈伊洛搬到了河對岸去生活。高爾基的外祖父在田野街買了一所既寬敞又漂亮的新房，房屋的一樓是石砌的，開著一家酒館，二樓是一間舒適的小閣樓，樓房的後面有一個花園；花園下去是一條山溝，那里長滿了光禿禿的柳樹枝。

　　外祖父和外祖母，以及小外孫高爾基住在頂樓上，外祖父在樓上留了一間大房供自住並兼作接待客人的房子，其餘的房間全都租了出去。

在家學習識字

小高爾基 6 歲的時候，外祖父開始教他識字。

這天晚上，外祖父不知從什麼地方找來一本薄薄的小書，一邊用書在他的頭上啪啪地敲著，一邊興奮地對他說：「喂！搗蛋鬼，過來，你快點過來。你這個高顴骨的調皮鬼，快坐下。你瞧這個字，這第一個字母念『阿茲』，第二個字母念『布基』，第三個念『韋季』，知道了嗎？」

小高爾基跟著外祖父念道：「阿茲，布基，韋季。」

外祖父抓起小外孫的手說：「嗯！看這裡，你要用手指指著念，不然，你能分得清嗎？」

於是，小高爾基就一個字母一個字母指著，念道：「阿茲，布基，韋季。」

看到小外孫這樣認真，外祖父很高興，他自言自語地說：「他那死去的舅媽娜塔莉婭總說這小傢伙記性不好，這話可不對。你看，他的記性可比我當年好多了。」

п 在俄國，學習都要從學習字母的讀音開始，而學會了字母的讀音並不意味著就會拼單字。

高爾基的外祖父當時還沒能掌握拼音學習法。拼音學習法是俄國教育家烏申斯基在 1864 年才發明的。由於當時俄國還正在進行農奴制改革，一切都還很落後，文化推廣更是滯後，所以像高爾基外祖父那樣居於社會底層的小人物，很難接觸到先進的文化訊息，更不要說去學習和掌握了。

很多年以後，長大後的高爾基終於接觸到了拼音法，想想自己當時學習的艱難，他不禁感嘆道：「無論在哪些方面，科學總是在減輕人們的負擔，節省人們的精力，使人們不至於無謂地浪費。」

　　小高爾基用了 3 天的時間記住了所有的字母，接著就開始學習單字。但學習俄文單字是一件相當困難的事。為了讀出「窗戶」這麼個單字，按照當時的讀法就得念出一長串毫無意義的音名。

　　多音節的單字就更麻煩了。那些毫無意義的音節所造成的混亂，讓小小年紀的高爾基立即對學習產生了厭倦的情緒。此時，他的反應慢了，思路也跟不上了，理解力甚至變得非常遲鈍。他不知所云地亂念了一通之後，便不禁哈哈大笑了起來。外祖父見他那個樣子，就氣急敗壞地用樹枝打他的屁股。

　　這種滑稽而痛苦的學習持續了大約一個月左右，當外祖父要他朗讀用教會斯拉夫文書寫的《聖詩集》時，簡直就無法忍受了。外祖父分不清斯拉夫文體和民間文體每個字母之間的異同點，他雖然能讀，卻不知道為什麼要這麼讀。

　　由於外祖父無法解釋清楚兩種文體之間的關係，小高爾基就更模糊了。每當他唸錯的時候，性情急躁的外祖父就過來扯他的耳朵，並罵道：「啊，你到底有沒有在聽，有沒有在聽我說？」

　　這種痛苦的學習持續了大約 4 個月，年幼的高爾基終於學會了俄國「民間字母」和「教會斯拉夫字母」兩種相近的讀法，搞清楚了兩種讀法的異同。但他總是不斷挨揍，對讀書和書籍產生了很強的牴觸情緒。

在家學習識字

不過高爾基認字認得很快，外祖父對他越來越喜歡，後來也很少打他了。所以，年幼的高爾基有時又覺得讀書是一件挺不錯的事情。

過了不久高爾基的母親回來了，母親開始積極地教高爾基世俗的認字課本。因為高爾基開始學的是斯拉夫的教會文，所以不認識「世俗體」的文字。她買了幾本書，從其中的一本《國語》小學教科書裡教高爾基識字。

高爾基費了幾天工夫，就學會了讀世俗體文學的本領。可是，母親馬上讓他學背詩，這使高爾基又煩惱起來。

不久，母親開始讓高爾基背更多的詩，高爾基不堪重負，記憶力越來越差。他常常想把那些詩行另換一個說法，讓它變樣，並配上其他字眼，這個願望越來越強烈。

一次，母親讓高爾基背這樣一首詩：

道路啊！平直寬廣，
上帝的曠野上，你自由翱翔。
不用開闢，無須整飭，
馬蹄踩在你柔和的軀體上，塵土飛揚。

高爾基總是把「曠野」唸成「普通」，把「開闢」唸成「砍平」，把「馬蹄」唸成「馬帝」。

母親一次一次地在旁邊提醒他說：「喂！你動腦子想一想，為什麼要唸成『普通』？你這個小東西，你應該唸作『曠野』，記住了嗎？」

雖然小高爾基知道該怎麼念，可是從他嘴裡發出的詞語卻總

是會走了樣。於是，在與這種書面詩歌作品的爭鬥中，產生了高爾基最早的口頭創作。

小高爾基漸漸發現，母親待在外祖父家越來越愁眉不展，她用陌生的眼光看待周圍的人和事。高爾基看到而且感受到母親在外祖父家生活是多麼地難，這讓高爾基很難受。

有一天晚上，喝過茶後，高爾基和外祖父坐在廚房念詩，忽然雅科夫舅舅闖了進來，說米哈伊洛舅舅在他家喝醉了，打碎了碗碟和窗戶，把一塊染好的毛料撕得一塊一塊的，現在他正往這邊來，要殺死外祖父。

米哈伊洛舅舅由於看見父親將染坊交給了弟弟而沒有分給自己，心裡很不高興，所以經常來田野街的房子找碴。有很多次，他都被外祖父請來的打手們拖出門外。

此後，米哈伊洛舅舅幾乎每天都到外祖父家搗亂。對於兒子的行為，外祖父本想請警察將米哈伊洛抓起來，可外祖母卻總是心痛地認為，那是自己的孩子。

每當這個時候，外祖父就罵著自己的老婆說：「看吧！這幫畜生都是被你慣壞的。」

外祖父在田野街那所房子裡住了不到一年的光景，人們都知道了他的家庭矛盾。幾乎每星期都有一群小孩跑到大門口，他們滿街歡呼著：「快來看啊！卡希林家又打架了，卡希林家又打架了！」

這種情形持續了一段時間，外祖父把田野街的那所房子賣掉了。這時的高爾基漸漸從外祖母嘴裡得知，原來米哈伊洛舅舅天

天來鬧，有一部分原因是想來謀得他母親應得的那份嫁妝的。高爾基這會兒才明白，外祖父雖然很凶，但對自己的女兒卻還是很慈愛的。

外祖父把賣房子得到的錢一部分為高爾基的母親準備嫁妝，一部分又在纜索街重新買了一幢房子。

纜索街上沒有鋪石子，長著雜草，但很清潔、安靜，它穿過兩排漆成各種顏色的小屋，一直通到田野。

高爾基覺得，這所新房比從前那所更漂亮，更令人喜歡。它的正面的牆塗著深紅色油漆，讓人有溫暖而寧靜的感覺；三個窗戶上都裝著淺藍色的護欄板，閣樓上的窗戶裝的是篩狀護欄板，它們在明亮的陽光下顯得非常耀眼；靠左邊的房頂遮掩著榆樹和菩提樹的濃蔭，十分美麗。

院子裡和花園裡有許多僻靜的角落，非常舒適，好像是專門為孩子們捉迷藏設計的。花園尤其美觀好看，雖然沒有外祖父在田野街的花園大，但草木葳蕤，錯落有致，使人感到愉快。

外祖父仍然把多餘的房子租給各種房客。在這些房客中，一個綽號叫做「好事情」的科學家很快成為了高爾基的朋友。

「好事情」是個有點駝背，瘦瘦的，面色白淨，留著兩撮黑黑鬍子的年輕人。他住在外祖父後院的廚房隔壁。

這間屋子很長，有兩個窗戶，一個朝著花園，一個向著院子。

「好事情」很少說話，一般不被人注意，只是每次叫他吃飯或者喝茶的時候，他總是回答說：「這是好事情！」

於是，無論是背地裡還是當他的面，外祖母都親切地稱他「好事情」。

有一次，外祖母帶著高爾基去廣場挑水，看見五個小市民打一個鄉下人。外祖母扔掉水桶，揮著扁擔向打架的人跑去，高爾基也拾起石頭往小市民身上扔。

外祖母勇敢地用扁擔戳小市民，敲他們的肩膀和腦袋。小市民們逃跑了。外祖母給那個被打傷的鄉下人洗傷口，當高爾基把這件事告訴「好事情」的時候，他停下了工作，站在高爾基面前，非常激動地說：「這可是個好事情，應該把它記下來。」

高爾基在外祖母那裡學會了很多童話故事，他常常講給房客的孩子們聽。「好事情」聽說此事後，就鼓勵高爾基把這些童話故事寫下來，但高爾基為難地說：「媽媽和外祖父只教給我認字，可我從來也沒有寫過啊！」

「好事情」就自告奮勇地想要教高爾基學寫字，可他和其他的房客很少來往，外祖父覺得他是一個怪人，擔心他會教壞小高爾基，就把他趕走了。

和繼父的抗爭

　　一天，一位只有一隻眼睛的鐘錶匠走進了外祖父的家，高爾基躲在一邊發現，原來此人是來向外祖父提親的。

　　鐘錶匠對高爾基的外祖父卡希林先生說：「啊！尊敬的先生，請您把瓦爾瓦拉嫁給我吧！我會對她好，並且永遠愛她和她的孩子。」卡希林先生微笑著點點說：「嗯！好的，我一直在考慮瓦爾瓦拉的問題呢。如果你不嫌棄她是寡婦，還帶個孩子的話，我們是非常贊成這門親事的。」

　　鐘錶匠虔誠地回答說：「看您說的，只怕是瓦爾瓦拉小姐看不上我呢！」

　　卡希林先生接著說：「那倒不是，她也是個普通的女人嘛，不可能在娘家待一輩子。何況，聽說你為人誠實可靠，又是鐘錶行的佼佼者，我們還巴不得呢。」

　　他們正在客廳裡討論著，高爾基的母親瓦爾瓦拉從臥室衝了出來，平靜地對他們說：「說什麼呢？爸爸，這是不可能的。」

　　卡希林先生堅決地說：「不可能？我告訴你，這事不是你說了算的。」

　　之後，瓦爾瓦拉到房客家裡去了。外祖父看到女兒走了，就拿外祖母撒氣，他冷不防地跳進廚房，跑到外祖母的跟前，照著她的頭就打了一下：

　　「你這個老混蛋，都是你把她叫來跟我作對的。」

外祖母戴好被打歪了帽子，回敬他說：「你所有的主意，凡是我知道的，我都要告訴她。」

外祖父向她撲過去，拳頭像雨點似的落在外祖母的頭上。後來高爾基把外祖母沉甸甸的頭髮分開一看，髮夾上的一根根髮針深深地扎進她的頭皮裡，高爾基拔出一根，又找到另一根，但他實在不忍心繼續拔下去了。

外祖母只好自己用她那靈巧的手指，在又黑又厚的頭髮裡自己摸索。高爾基見她看不見，就再次鼓起勇氣又從她的皮肉底下拔出另外一根戳彎了的粗髮針。

高爾基第一次親眼看見外祖父這樣可惡又可怕地打外祖母，屈辱在高爾基心中火燒似地翻滾沸騰，他恨自己想不出恰當的方法報仇。

兩天以後，高爾基找到了機會，他趁外祖父沒注意，把外祖父最喜愛的12張聖像圖拿走了。他從外祖母的桌子上拿起剪子，爬到吊床上，就動手剪聖人的頭，但高爾基還沒來得及剪掉第二張的時候，就被外祖父發現了。

卡希林先生兇殘地盯著小外孫說：「你這是在幹什麼？」

高爾基嚇得立即從吊床上翻了下來，幸好外祖母把他及時接住。

卡希林先生的鼻子都要被氣歪了，他大口大口地喘著粗氣，鬍子不停地抖動著。他用力把那些紙片吹落在地板上，然後揮起拳頭一邊向高爾基和外祖母搗過來，一邊歇斯底里地喊道：「看我不搗死你！」

和繼父的抗爭

高爾基的母親聞訊趕來，她以自己的身體擋在兒子的身前，一邊用力地捉住卡希林先生舞動著的拳頭，一邊大聲地叫著：「不許你打我的兒子。你這個大人怎麼跟小孩子計較。」

高爾基滿 7 歲的時候，母親把他送進了初級學校。他在那裡上了 5 個月的學，可是他討厭學校的規矩，也沒有交到要好的同學。不久，他又在學校裡染上了天花，所以只好中止了學習。

這之後，高爾基的母親瓦爾瓦拉嫁給了一個名叫伊戈爾·馬克西莫夫的貴族大學生。雖然瓦爾瓦拉這次的婚姻她的父親仍然不同意，但他還是把那份嫁妝送給了女兒。

瓦爾瓦拉結婚後，就隨著丈夫去了莫斯科，而小高爾基仍然與外祖母他們生活在一起。

誰料到高爾基的繼父是一個徒有其表、沒有真才實學的人，他一天到晚無所事事，只知酗酒賭博。沒過多久，沒有工作的繼父就把自己的錢和瓦爾瓦拉的嫁妝全部輸光。沒有生活來源的兩個人不得不回到下諾夫戈羅德城度日。高爾基也搬去與他們住在一起。

改嫁後的母親，變成了一個唯唯諾諾、逆來順受的家庭婦女。高爾基看到母親的這種變化，心中非常難過。繼父自恃出身高貴，在家裡飛揚跋扈，動不動就訓斥罵人，甚至嘲笑懷有身孕的母親體態像個大水牛。繼父每逢醉酒後就會對母親拳打腳踢，有時還用鞭子抽。聽見母親的哭泣，小高爾基總會在隔壁的房間裡握緊雙拳，憤怒異常。他恨自己年紀人小、身單力薄，沒有能力保護媽媽。

一天，高爾基聽見繼父在打母親，就跑進屋子，他看見母親跪著，背脊和肘彎靠著椅子，挺著胸，抑著頭，口裡發出「呼呼哧哧」的聲音，眼睛閃著可怕的光。而繼父則打扮得乾乾淨淨的，穿著新制服，用他那長長的腿踢高爾基母親的胸脯。

　　高爾基再也受不了！他飛快從一旁的桌上抓起一把麵包刀，不顧一切地向繼父刺去。繼父沒有料到小高爾基會有如此舉動，一下愣住了，抬起的腳停在了半空中。

　　母親見此情景立即起來把繼父推開。這時高爾基手中的刀已經刺破了繼父的衣襟，被驚嚇的繼父大叫了一聲，跟跟蹌蹌地逃出門外。不久以後，瓦爾瓦拉再也忍受不了丈夫的無故打罵，終於放棄了這段婚姻，回到了娘家。

正式走進課堂

又一年過去了，高爾基已經 8 歲了，回到娘家的瓦爾瓦拉把兒子送進了庫納文諾初級學校讀書。這是一所城市貧民學校，高爾基上學第一天就對這裡感到厭惡和反感。

由於貧窮，高爾基入學那天，腳上穿的是母親的舊皮鞋，大衣是外祖母的上衣改成的，下面穿著黃衫衣和鬆腿的褲子。

這種奇特的打扮頓時引起了同學們嘲笑，由於高爾基穿一件黃襯衫，他們就給他起了個綽號叫「苦役犯」。

這些高爾基都能忍受，他很快便與同學們打成了一片，只是他的導師和神父卻不怎麼喜歡他。

高爾基坐在教室的第一排，導師總喜歡注意高爾基的一舉一動，他總是挪揄這個學生，使其難堪。高爾基常常聽到他用難聽的聲音反反覆覆地說：「佩什科夫，你應該換一件襯衫！佩什科夫，你的腳不要動來動去！佩什科夫，從你的皮鞋裡又流出一攤水了！」

對於導師的這種態度，高爾基想出了一個方法來報復他。一天，高爾基在垃圾裡撿了半個西瓜皮，用繩子把它穿牢，吊在黑乎乎的教室門洞的滑輪上。當門打開時，西瓜皮就升上去，而門關上時，西瓜皮就像帽子一樣地扣在了導師的頭上。事情的結果是，學校的門衛帶著導師的字條把高爾基帶回了家。為了這場惡作劇，高爾基被母親狠狠地揍了一頓。

高爾基的神學老師是個神父，長得英俊漂亮，有一頭濃黑而富有動感的頭髮。他的相貌有點像耶穌，優雅端正的臉孔上有一對如女人般柔情似水的眼睛。他的那雙手也纖細中透出溫柔，無論拿什麼東西，都令人賞心悅目。每當他拿書、尺子或羽毛筆時，動作既謹慎又優雅，宛如這些東西是具有悟性的脆弱的生靈似的，生怕它們由於自己的魯莽動作而受到傷害。

　　但神學老師的這種憐憫之心卻並沒有轉移到人的身上，他對待學生可沒有這樣溫和。他不喜歡高爾基的原因是這個學生沒有上課必需的課本《新舊約使徒行傳》，還因為高爾基總是學他的口頭語。每當上神學課時，神父走進教室的第一句話就是：「佩什科夫，今天帶書來了嗎？嗯！書帶來了嗎？」

　　高爾基馬上起身故作恭敬地回答：「哦！沒有，沒帶來。嗯！書我忘帶了。」

　　神父提高了嗓門問道：「什麼？你說什麼，嗯？」

　　高爾基大聲地回答：「我說我真的沒有帶來！」

　　神父生氣地說：「嗯！那你就回家去吧！沒錯，回家去，因為我不想教你。是的，不想教你。」

　　神父的這些話並沒有使高爾基感到難過，他走出教室，溜出學校，來到小鎮上，在泥濘骯髒的街道上，百般無聊地閒逛著，直至學校放學。

　　以後，高爾基仍然不帶書去，因為他沒有錢買書，也不喜歡上神學課，況且因為不帶書，還可以到街上去閒逛。

　　儘管高爾基的功課還不錯，但當神父看到高爾基絲毫沒有悔

正式走進課堂

改的跡象，終於發怒了。不久，高爾基得到學校的通知，由於他的所作所為，他將被退學。

高爾基開始擔心了，因為如果他被學校退學，就一定會傷母親的心，他當然不希望那樣。

幸運的是，赫利桑弗主教來到了學校，幫了高爾基一個大忙。

這位主教個子不高，頭戴一頂普通的高筒帽子，身穿一件寬大的黑色袍子，樣子有點像巫師。這天他走進高爾基所在的班級，坐在講臺後面，撩開寬肥的衣袖，露出兩隻手來說道：「來，孩子們，讓我們來談談吧！」

主教柔和親切的聲音，使得教室裡的氣氛立刻變得溫暖而愉快。他逐一詢問了很多同學以後，把高爾基叫到講臺跟前，和善地問道：「小弟弟，你今年多大了？哦！還很小呢！不過，你的身高倒是不矮呀！如果這樣的話，你是不是常常被雨水淋啊？」

主教幾句話就把高爾基逗樂了，他很願意和這位穿黑色袍子的人說話。

主教又問高爾基：「那麼，你可不可以跟我講講，你最喜歡《新舊約使徒行傳》中的哪一個故事呢？」

高爾基難為情地告訴主教自己沒有書，根本就沒有學過《新舊約使徒行傳》。

主教伸手扶了扶自己的高筒帽子，神情嚴肅地問道：「這是怎麼回事？要知道，這是必須要學習的！不過你雖沒學過，也許你會聽別人講過吧？那麼，你會念聖詩嗎？」

高爾基低下頭小聲地回答：「會念一點。」

主教高興地拍了一下手，說：「這太好了！看來你是個什麼都知道的人呢！」

主教要高爾基背誦聖詩，高爾基很輕易地就背了很多首。

高爾基感覺到主教是一個平易近人、喜歡了解別人內心世界的人，他非常願意和主教聊天。

而主教呢，也為高爾基能夠背誦這麼多的詩而大吃一驚。後來，主教問道：「你以前學過《頌詩》？是誰教你的，慈愛的外祖父，還是冷酷的外祖父？哦！是這樣的，你是不是老是調皮搗蛋的？」

高爾基猶豫了一下，坦白地說：「是的。」

站在旁邊的老師和神父點頭表示他說的是實話。

主教嘆了口氣說道：「你到底為什麼要淘氣呢？」

高爾基老實地說：「因為，我覺得讀書一點意思也沒有！」

主教對高爾基的話有些奇怪，他驚訝地把嘴巴張得大大地說：「沒意思？小朋友，這可有點不對。如果你覺得讀書沒意思的話，一般來說就應該是你學得不好，可是現在，你的老師們都說你學得不錯啊！這就是說，你一定還有其他別的原因。」

說著，主教拿出一個記事本，在上面寫了幾行字，邊寫邊念：「阿列克賽·馬克西莫維奇·佩什科夫。好，我記下來了！孩子，你要明白，人要學會克制自己，不要太淘氣貪玩了。小孩子鬧點惡作劇沒關係，可是做得太過分了，把它們作為樂趣就會讓人討厭。」

正式走進課堂

接著，主教對講臺下的其他孩子們說道：「孩子們，你們同意我剛才說的話嗎？」

教室裡響起了大家異口同聲的回答：「同意！」

「那麼，你們其他人是不是都不愛搗亂呢？」主教問大家。

同學們大笑著說：「不，主教大人，有愛搗亂的，也有不愛搗亂的。」

主教往椅背上一靠，把高爾基順手摟進自己的懷裡，然後對高爾基開起了玩笑說：「這有什麼大不了的，小朋友們，在你們這個年紀，我也是個遠近聞名的淘氣小孩！你們倒說說這是為什麼呢，我的孩子們。」

最後主教站了起來，向臺下的孩子們揮了揮手，說道：「淘氣鬼們，跟你們在一起的時間我很開心。不過我還有很多事要做，不能陪你們了。我該走了。」說完，他抬起手來把又寬又肥的袖子捋到肩上，晃動著手臂在空中畫了個大大的十字，為大家祈福道：「以聖父、聖子及聖靈之名，祝你們有一個美好的未來！再見。」

同學們也齊聲吆喝起來：「再見，大主教！希望再見到您！」

主教點點頭，說道：「我會來的，會來的！下次我一定給你們帶些書來。」

主教走出了教室，臨出門時對教師說：「讓他們放學吧！」

主教拉著高爾基的手走出門廊，彎下身，在他耳邊悄悄地說：「那麼你要答應我，孩子，你要試著收斂你的淘氣，好嗎？要知道，我清楚你為什麼愛調皮搗蛋，我非常理解你。好了，再

見吧，小朋友！」高爾基心情非常激動，從未有過的被關愛、被期望、被器重、被珍惜的感覺在他的胸中膨脹。他認真而又仔細地回憶著主教說的每一句話。

送走了主教大人之後，導師把別的同學打發回了家，讓高爾基單獨留下來。導師對高爾基說：「佩什科夫，聽見了嗎，從今以後要克制自己的行為，好嗎？」

高爾基態度恭敬地向導師點點頭。

神父也走到高爾基的面前，蹲下來，態度和藹地說：「佩什科夫，從今天起你要來聽我上課。嗯！你一定要來，老實地坐著就行了。至於書嘛，你沒有的話，就可以不用帶了。」

這個天大的恩賜對高爾基來說，真是太令他高興了。更令他高興的是，學校再也不提退他學的事了。

母親患病去世

　　高爾基 10 歲時，他的外祖父為了賺更多的錢，就把纜索街的房子再次賣掉了，他們一家人重新搬到了庫納維諾鎮，在別斯恰納亞街的一幢兩層樓房裡租了一個小屋。

　　接著，外祖父把所有的錢都借給了一個猶太商人做生意，結果那個猶太人破產了，外祖父也就破產了。

　　外祖父破產以後，變得非常吝嗇，他和外祖母分開生活，甚至連茶葉也要一片一片地平分。外祖母只好靠幫人織花邊來維持生活。這時候，高爾基的母親又為他生下了個小弟弟，家裡的生活變得更加困難了。為了增加收入，從那一天起，高爾基也開始賺錢了。

　　每逢星期天一大早，高爾基就背著口袋走遍各家的院子，走遍大街小巷去撿牛骨、破布、碎紙和釘子。然後，他把它們賣給舊貨商換些錢交給外祖母。

　　有時高爾基放學後也去撿這些東西，到了週六時再一起賣出去。如果運氣不錯的話，他還能夠賣不少錢呢！

　　除了撿破爛，高爾基還和新認識的一些流浪孩子們到奧卡河河岸上的木材堆放棧或彼斯基島撿木材來賣。

　　在天氣暖和的季節裡，奧卡河河岸以及彼斯基島上有很興隆的集市，當這些集市關閉後，各種木料帳篷被拆除堆成捆，碼在河岸或者島上。

高爾基和夥伴們就去那裡拿些木料來賣。後來，此事被外祖母知道後，她教育高爾基說：「我的孩子，這些在集市上賣東西的人也不富裕，你去拿人家的木材，人家怎麼辦呢？說得不好聽些，你的這種行為不是拿，而是偷啊！我的孩子，我們再怎麼貧窮，再怎麼不能過日子，但不能去做賊。不然，我們的良心怎麼過意得去，而且上帝也會懲罰我們的。」

高爾基覺得外祖母的話很有道理，此後，他便一心一意地只撿垃圾，而不去偷木材了。

不過，撿垃圾的事，為高爾基在學校的生活造成了麻煩，他受到同學們的嘲笑，他們叫他撿破爛的、要飯的。有一次，高爾基和他們爭吵起來。

吵過架後，同學們告訴老師，說他身上散發著一股餿水桶或者垃圾坑的味道，他們不能坐在高爾基身旁。

這個控告深深地侮辱了高爾基。因此每天早晨高爾基總是非常細心地把身上洗乾淨，從未穿過在撿破爛時穿的衣服到學校去。

後來，高爾基終於讀完了三年級。由於他學習成績好，還得到了學校的獎勵，獎品是《福音書》一本、精裝的《克雷洛夫寓言詩》和一本叫《法達‧莫爾加那》的平裝書，以及一張獎狀。

高爾基帶著這些獎品回家，他的外祖父高興得不知所措，激動得連連說好，並一定要把這些東西妥善保存起來。他甚至提出可以把書鎖在他的箱子裡由他替外孫子保存。

可是，高爾基的外祖母已經病了好幾天了，手頭的錢也被花得差不多了，外祖父也分了一部分錢給外祖母，但還是不夠用。

母親患病去世

　　高爾基拿著自己的獎品，他雖然很喜歡這些書，但最後還是把它們拿到小店鋪裡賣了55個戈比，把錢交給外祖母用來看病。

　　高爾基又在獎狀上惡作劇地橫七豎八亂寫了一通，然後再交給外祖父保存。外祖父看也沒有看一下就把獎狀珍惜地藏了起來。後來這張獎狀被保存下來了，這就是流傳到我們這個時代的高爾基親手寫的第一件東西。

　　學校的生活算是告了一個段落，高爾基又重新走上街頭，加入到撿破爛的行列中。

　　但這樣的生活高爾基並沒有維持多久，因為他的母親生病了，並且一天天地嚴重起來，而他的弟弟也已經斷奶，需要人照顧，高爾基從此就擔當起照看弟弟的任務。

　　為了賺錢養家，外祖母去城裡一家富商家裡繡棺罩去了，剩下高爾基母子三人和外祖父待在家中。

　　高爾基的母親患的是嚴重的肺結核病，這在當時的俄國是沒有辦法醫治的。這年夏末，母親吐血而亡。

　　在高爾基母親下葬那天，他的舅舅和表哥、表姐們都來了。

　　看到高爾基難過的樣子，親人們都想讓高爾基高興一點。

　　大表哥薩沙對高爾基說：「唉！人生一輩子就是這樣，不管是窮人還是富人，都逃不過一死。我親愛的小表弟啊，你一定要節哀。」

　　薩沙想盡辦法來逗小表弟笑，他做出各種鬼臉，但高爾基仍然很傷心。

大家見高爾基沒有什麼反應，小舅舅雅科夫在一邊嚴肅地說：「醒一醒吧！年輕人，人都有一死，這算得了什麼，小鳥不是也要死嗎？」

　　後來，墓地的看墓人對高爾基說：「走，咱們去給你母親的墳鋪上草皮，把你母親的墳頭裝飾得漂亮一些，好嗎？」

　　這個提議令高爾基很樂意，大家便開始動手。

　　高爾基在埋葬了母親後不久，外祖父就對他說：

　　「佩什科夫，你聽我說，你不是一枚勳章，掛在我的脖子地方沒有你的位置，你去闖闖人間吧！」

　　於是從這一天起，11 歲的高爾基只好離開外祖父的家，走進了「人間」，開始了獨立謀生。

第一份工作

高爾基走進「人間」的第一個職業，是在下諾夫戈羅德城大街上的一家「時興鞋店」裡當學徒。

鞋店老闆是一個又矮又胖的男人，他長了一張褐色的臉，皮膚很粗糙，滿嘴青綠色的牙齒，眼睛看上去溼漉漉的，還有眼屎。

高爾基懷疑老闆是個瞎子，為了證實這一點，他向老闆做了一個鬼臉。

老闆狠狠地瞪了高爾基一眼，低聲嚴厲地說道：「不要給我耍小聰明，我沒有瞎。」

這話讓高爾基嚇了一跳，他覺得老闆真是太神奇了，居然一下子就能看出自己的心思。

老闆看他在發呆，又碎念了一句：「不要在心裡說我的壞話，我知道你的鬼主意呢！」

高爾基抬頭望著老闆，小心地聽他訓話。

除了老闆以外，這家鞋店裡還有一個店員和高爾基的小表哥薩沙。薩沙此時已經是這家店的大幫手了，他穿著棕色的小禮服，戴著襯胸，繫著領結，散著褲腳，看上去很神氣。

高爾基剛來鞋店的時候，外祖父拜託薩沙照看表弟，並讓他教小表弟做事。

薩沙不再像幾年前一樣對誰都唯唯諾諾、事事幫助的樣子，而是神氣活現地把眉頭一皺，警告高爾基說：「那你必須聽我的話才行！」

外祖父把手放在高爾基的脖子上，硬是將小外孫的頭壓得低了下去，說：

「佩什科夫，記住了嗎？你得聽薩沙的話，他年紀比你大，職位也比你高。」

薩沙立即跟著外祖父說：「聽見了嗎？佩什科夫，你要記住爺爺的話。」

於是，從第一天起，薩沙就在高爾基面前擺起了架子。

在這家鞋店，高爾基除了每天站門口，還要做許多雜務。每天早晨，他都要被提前叫醒，刷乾淨老闆一家人及店員、薩沙的鞋和衣服。接著還要煮茶，給所有的爐子送柴、掃地、打水……年僅 11 歲的高爾基，哪裡做過如此多的工作，單調、乏味的生活使他很不開心，有時甚至讓他氣憤。

鞋店老闆娘長著一雙黑眼睛，她時不時地張大鼻子底下的嘴巴，對著高爾基跺腳、訓斥，像對待下人一樣。終於，高爾基受不了，他決定要逃出這家店。

但就在高爾基打算逃走的那一天，他不小心把正煮沸的菜湯鍋撞翻，滾燙的菜湯扣在他的手上。他被送進了醫院。

外祖母來醫院看望高爾基，她彎下腰，湊近小外孫面前，親切地問道：「痛嗎？我的孩子，別擔心，我會很快帶你走的。」

醫生來了，給高爾基的燙傷的手換了藥，又加上了繃帶。

高爾基跟外祖母上了一輛馬車，穿過城市的街道，又回到了外祖父的家裡。

看到外孫丟掉了好不容易才找到的工作，又帶著一身傷回家，外祖父很不高興地說：「你好啊？！佩什科夫先生，你現在

第一份工作

就光榮退休了啦！你真有福氣哦！嗯，不錯。」

高爾基從外祖父的話裡聽出了幾分譏諷，他感到很委屈，很傷心，一句話也說不出來。

外祖父的屋子一切照舊，只是高爾基母親原來所住的那個牆角淒涼地空著。外祖父床的上方多了一張條幅，上面用粗大的印刷體寫著：

唯有救世主耶穌永垂不朽！
願祢的神聖的名字在我有生之年與我同在！

房間的另一個牆角箱子上放著一個大大的竹籃，高爾基的弟弟就躺在裡面。

高爾基發現弟弟瘦了很多，臉也非常蒼白。弟弟聽見有人進來，從竹籃裡伸出腦袋朝高爾基看去，並對著高爾基笑了笑。

弟弟笑得很勉強，他正生著病，看得出他已奄奄一息了。高爾基回到外祖父家裡之後，常常盡心地照顧弟弟，但弟弟還是很快地走向了死亡。

這一天早晨，天氣很好，高爾基一覺醒來，外祖母便跑到床前對他說：「親愛的，你的弟弟死了。」

弟弟也是得肺病死去的，他吃了媽媽的母乳，被母親傳染了。

小弟弟死後，過了幾天，外祖父對高爾基說：「今天晚上你早點睡覺，明天一大早我就叫你起床，然後，我們一起到林子裡去砍些柴回來拿去賣。」

外祖母在一旁說道：「我也要去。」

外祖父奇怪地看她一眼。

外祖母解釋說：「我可以去挖些野菜來賣。」

在他們所住的村鎮不遠的地方，有一個沼池，旁邊長著一片雲杉和白樺樹林。樹林裡到處都是枯枝和枯樹，樹林的一端延伸到奧卡河邊，另一端則一直延伸到通往莫斯科的公路，在公路的那邊，樹林又延續下去了。

在這片堅硬的樹林，都是些軟質林木的上方，有一片鬱鬱蔥蔥的松林黑油油地聳立在那裡，人們稱它們為「薩韋洛夫崗」。

這裡本來是一位伯爵的家業，但由於他們一直沒有派人管理，便成了窮人們撿柴伐木的地方。

第二天天剛亮，他們三人就出發了。穿過布滿晨露的淡綠的曠野，他們來到了多姿多彩的密林裡。高爾基的狗跟在他們的後邊，不停搖著尾巴，外祖父越走越興奮，他用鼻子深深地吸著新鮮的空氣，快活得像個孩子。

開始工作了，高爾基在外祖母的指揮下，挖起了野菜。

外祖母一邊指揮著，一邊給高爾基講各種野菜的名字和功能，如車前子可以利尿、蕨菜可以治痢疾、千屈菜可以清熱解毒等。

高爾基真佩服外祖母能夠知道這麼多有趣的事情，他把外祖母講的一一記在心裡。

高爾基和外祖母不停地彎下腰去採摘那些生長在鋪滿針葉林的地面上的野菜。

外祖父專劈倒下來的樹，砍下來後，他把柴放在小路旁。幾道金色的陽光照進了林子裡，外祖母一面感嘆一面祈禱：「至高無上的主啊，請您保佑我們吧！」

第一份工作

　　外祖母越來越使高爾基驚嘆，她是一個不同於眾人的人，一個善良勤勞的人。

　　從此，高爾基幾乎每天都請求到樹林裡去。高爾基和外祖父、外祖母一起愉快地度過了整整一個夏天，一直到了深秋。

　　他們把採來的東西賣掉，用得來的錢維持生活。經過了這一段的生活，高爾基的身體更健壯，性情也變得更堅強了。

學做繪圖師

一天，外祖父從城裡回來，一進門便對高爾基說：「喂！你這個無所事事的傢伙，收拾一下，明天去上班吧！我給你找了一份工作。」

這一次，高爾基到他的一位遠親、外祖母的妹妹家裡當學徒。外祖母妹妹的兒子是一個專門給樓房繪圖的工程師，外祖父讓高爾基去當這位工程師的徒弟，以便以後也能夠成為工程師。

當高爾基到了那裡才知道，這哪裡是當學徒啊，簡直就是當一個被人使喚的奴才。

高爾基的工作很多，每天他都要擦洗住宅的地板和樓梯，還要擦洗廚房的茶具和其它器皿。此外他得把燒爐子的木柴劈好，搬好；有時還要跟著主婦上市場，到藥房裡買東西。他已經完完全全變成了這個家的雜役了。

高爾基指望自己辛勤的勞動能夠感動這一家人，指望繪圖師教他一些本領和技巧，但心理陰暗的繪圖師的老婆總要從中作梗，每當她看到高爾基坐到桌前，不是把飲料潑到繪圖紙上，就是把點燈用的煤油倒在草圖上。在高爾基看來，這個女人心胸狹隘、陰鬱刻薄，簡直就同他的外祖父沒什麼兩樣。

過了些日子，男主人再也看不下去了，他拿著一卷厚紙，還有直尺、三角板、鉛筆等來到廚房，對正在做事的高爾基說：「佩什科夫，等等做完，到我這裡來，畫畫這個。」他手裡拿著一張畫著兩層樓的正面圖。

學做繪圖師

高爾基非常高興。面對工具和紙，高爾基顯得有些不知所措，繪圖師耐心地教他畫水平線和垂線等，他開始畫了起來。

高爾基的圖總算畫完了，這張圖上的建築就像個不可救藥的怪物：窗戶歪到了一邊，有一扇懸在了半空，門廊和兩層樓一樣高，天窗開到了煙囪上。

繪圖師看了挑了挑眉，打趣地說：「天下雨了，是不是？為什麼你畫的一切都是斜的呢？嗯！不過沒關係，我剛開始畫的時候，也不過如此。」

繪圖師的態度很和藹，他拿起筆在高爾基歪歪斜斜的圖上畫上了應該修改的記號，又給了高爾基幾張紙，用和藹的語調說：「重新畫吧！一直到你畫好為止。」

在他不斷練習之後，高爾基終於畫好了一張像樣的樓房正面圖。

繪圖師很高興，對高爾基說：「佩什科夫，你真是個天才啊！照這樣下去，用不了多久你就可以當我的助手了。」

接下來，繪圖師又教高爾基畫房屋的平面圖，可這卻引起了老主婦、那個外祖母妹妹的不滿。一場風波過後，高爾基的繪圖生涯就此終止了，高爾基依舊繼續做他的雜役。

在這段日子裡，高爾基唯一感到快樂的事就是陪同繪圖師的全家去教堂做彌撒。

教堂裡青煙飄蕩，燭光搖曳，鍍金聖像閃閃發光，所有的婦女都像天使般置身其中。在唱詩班天籟般的和聲中，高爾基感到自己彷彿遠離了庸俗墮落的塵世，就如同和外祖母一起在森林裡採集野菜，到田野裡撿拾蘑菇那樣輕鬆自在。他那顆經受了太多

羞辱的童心這時充滿了古老而美好的幻想。

在這種氣氛中，高爾基油然生出創作的靈感，自己胡亂地編寫了一些祈禱詞唸給自己聽。他盡量將這些句子編得既順口又押韻。比如有這樣幾句：

老天哪！別再讓我忍耐，
趕快趕快，讓我變成一個大人！
要不然，真是太難受，
這樣活著還不如上吊。
啊！上帝，請你饒恕吧！
學是啥也學不到，
那個鬼老婆子馬特廖娜，
像狼一樣地對我咆哮，
再活下去也沒有意思了！

高爾基祈禱詞中的馬特廖娜就是他外祖母妹妹的名字。他沒來這裡之前想，這位老太太應該像自己的外祖母一樣的慈愛，卻沒有想到她處處和高爾基作對，讓他不能學到專業，高爾基真是失望透了。

有時候，高爾基趁女主人做彌撒的時候，溜到大街上去閒逛，透過一扇扇明亮的窗戶，觀察人們是在怎樣生活：窗戶裡有人在祈禱，有人在打牌，有人神情憂鬱地在談話……這一扇扇的窗戶組成了一個眾生百態的萬花筒，令他目不暇給。

高爾基在繪圖師家裡忙了整整一個冬天，他越來越覺得不能再待下去了，他天天都在盤算逃走的事。但俄羅斯的冬天異常寒冷，他只能在繪圖師的家中度過最後的寒冬。當冰雪融化，春天

來臨之際，高爾基終於制訂了他的逃跑計劃。

　　這天早晨，高爾基到小店裡去為繪圖師一家買喝早茶用的麵包，他像從地窖裡鑽出的老鼠一樣快活，他決定再也不回到繪圖師那裡去了。

養成讀書習慣

明媚的春天，陽光暖融融地照在窩瓦河上，河水漲得很高，大地上一派喧鬧景象，顯得無比遼闊。

高爾基在堤岸上流浪，因為害怕外祖父的打罵，他不敢回家，也不敢去看望外祖母。這些天他一直露宿在窩瓦河岸的斜坡上。

河岸上同時還住著一些以裝卸貨物為生、出賣體力的碼頭工人。這些工人把吃剩下的食物送給身無分文的高爾基。

三天後，一個裝卸工人好心地對高爾基說：「年輕人，你整天在碼頭上閒逛也不算什麼事呀！『善良號』輪船上正缺一個洗碗工，你可以去試試。」

為了餬口，也為了找一個能夠遮風避雨睡覺的地方，高爾基去了「善良號」輪船。

餐廳主管是個大高個，帶著眼鏡，留著大鬍子，頭戴一頂黑綢無舌帽。他從鏡片後面瞪著一雙混沌的眼睛，對高爾基小聲地說：「每個月兩盧布，需要身分證。」

高爾基沒有身分證，只好跑去找外祖母想辦法。

外祖母很贊成外孫的行動，便說服外祖父，到內政部為高爾基領了居民證，並親自送外孫到輪船上。

餐廳主管把高爾基帶到船尾，把他推到一位高大的廚師面前說：「這是新來的洗碗工。」

養成讀書習慣

廚師從鼻孔裡哼了一聲，揚起一頭黑色短髮的大腦袋，瞪著一雙深色的眼睛，聲音洪亮地問道：「你叫什麼名字？」

高爾基可能是由於真正飢餓的原因，莫名其妙地回答說：「我餓了。」

忽然，那張兇狠的臉出現了爽快的笑容，他拿來了一個長圓形的麵包和一大截臘腸推到高爾基面前說：「吃吧，孩子。」

接著，廚師又給高爾基泡了一杯茶，端到他面前。高爾基從來沒有受過這樣的款待，他激動得眼睛裡閃著淚花。

輪船上的工作十分繁忙，從早上 6 點一直到深夜，高爾基都在不停地洗。廚房緊靠著鍋爐房，震耳欲聾的機器聲加上令人窒息的油煙味，把他搞得成天昏昏沉沉。

在後甲板上多是三等艙的乘客，多是工人和農民。他們有的坐著，有的站著。總是有人在那裡高談闊論，旁邊圍滿了聽眾。高爾基也常常湊到跟前去，饒有興趣地聽人們發表各種議論。他們議論的內容五花八門、包羅萬象，令高爾基大開眼界。

輪船在窩瓦河上徐徐前行，夜幕降臨了，皎潔的月亮掛在空中，輪葉有節奏地拍打著水面，河面上投下了河岸參差斑駁的陰影，遠處時而飄來村莊裡女孩的響亮的歌聲。

「善良號」是一艘棕紅色的舊船，煙囪上繫著一條白色的飄帶。輪船後面用一根長纜繩拖拉著一艘駁船，駁船甲板上罩著鐵絲網，在網的下面，可以影影綽綽地看到一團團黑影簇擁在一起，那是一些被判處流放和苦役的犯人。

有一名看守站在船頭，他手裡的步槍上的刺刀在月光下閃著

寒光。失去自由的犯人們也在欣賞這寧靜的月色。

　　船在河面上不停地走著，從早到晚，輪船上的男女老少，不同的面孔的人都離不開一日三餐。船上的人喝酒、吃飯，弄髒了許多的杯盤、碗碟、刀叉、湯匙。

　　高爾基的工作就是要把弄髒了的餐具重新擦洗乾淨。一天之中，在下 2 點至 6 點和晚上 10 點至午夜之間，高爾基可以抽空休息一下。

　　船上有一名叫斯穆雷的廚師很快就跟高爾基熟悉了。他是一名退職的衛隊排長，喜歡在空閒的時候讓高爾基念書給他聽。

　　斯穆雷帶高爾基回到自己的艙房，遞給高爾基一本皮封面的小書，他在靠近牆壁的一個吊床上躺下，說道：「你念吧！」

　　高爾基翻開書，坐在一個木箱上，用心地念道：「掛滿星星的恩勃拉庫倫，意味著上天的交通暢通無阻，會員們有了這條坦途，能使自己從普羅芳和惡德中解脫。」

　　斯穆雷燃起卷煙抽起來，他吐了一口煙，抱怨地說：「混蛋，他們在寫些什麼？」

　　他從高爾基手中搶過書，然後把它塞進床墊下，要求高爾基從他的鐵皮黑箱子裡重新找一本來讀。

　　高爾基打開斯穆雷的鐵皮黑箱子，裡面的書可真多，有《奧米爾教言》、《謝里加利勛爵書信集》、《蓋爾伐西》、《砲兵生活回憶錄》全都是些莫名其妙的書。

　　那些古怪的詞和生疏的名字使高爾基厭惡，可是斯穆雷卻說：「人與人的區別，在於傻不傻。為了變聰明，就得讀有用的

書。所有的書都要讀，這樣你才能得到有用的知識。讀吧！孩子，念不懂就多念幾遍。」

高爾基就這樣不知不覺地養成了讀書的好習慣。後來高爾基稱斯穆雷為自己的啟蒙老師，他很感激他培養了自己讀書的興趣。

船長的妻子也是個喜歡讀書的人，一次，斯穆雷從她那裡借了一本俄國諷刺作家果戈里的《塔拉斯‧布林巴》。

這本書描寫的是烏克蘭人民反抗侵略者的英勇事跡。當高爾基唸到塔拉斯向奧斯達普挑戰的那一段時，斯穆雷笑起來，他很專心地聽著。當唸到安德烈叛變時，斯穆雷又罵起來，說：「不要臉的東西，為了女人……」

當唸到最後奧斯達普臨死，喊著「爹，你聽見了沒有」的時候，斯穆雷又哭了起來，他哭得非常傷心。

斯穆雷從高爾基手中拿過書，認真地看著，眼淚滴在書的封面上。

後來，斯穆雷和高爾基又一起讀《艾凡赫》、《湯姆‧瓊斯》等書籍，高爾基漸漸對讀書有了種著迷的感覺。

由於高爾基經常停下手中的工作去唸書，船上的其他員工們不久就對高爾基有了怨言。為了把高爾基趕走，他們想了很多辦法故意去陷害他。

一次，食具管理員在盛髒水的盆子裡放了幾個杯子，高爾基把髒水向船外潑去，那幾個杯子也一起掉入了水中。餐廳主管知道了這件事，警告他要小心，否則就要解僱他。

接著，又發生了一些對高爾基不利的事：甲板上的侍者幾次偷走高爾基桌子上的餐具，然後背著餐廳主管賣給乘客。

　　一天傍晚，餐廳主管把高爾基叫到他的房間。

　　餐廳主管見高爾基進來，對斯穆雷說：「他來了。」

　　斯穆雷抬頭望了高爾基一眼，喘著粗氣大聲地問：「你是不是把餐具給了侍者謝爾蓋了？」

　　高爾基很乾脆地回答：「沒有，應該是他趁我沒注意時，自己拿走的。」

　　餐廳主管悄悄對斯穆雷嘀咕說：「他沒看到，可是知道。」

　　沉默了一會兒，斯穆雷又向高爾基問道：「謝爾蓋有沒有給過你錢？」

　　「沒有。」高爾基肯定地回答。

　　「一次也沒有？」斯穆雷追問道。

　　「一次也沒有！」高爾基堅決地說。

　　斯穆雷轉頭向餐廳主管說：「他說的應該是實話。這個年輕人不會撒謊。」

　　餐廳主管聲調嚴肅地說：「那也一樣，是他沒有看好餐具。行了，讓他走吧！」

　　輪船回到了下諾夫戈羅德城，食堂老闆辭退了高爾基。高爾基領到了 8 個盧布的工錢，這對他是一筆不小的收入。

　　斯穆雷和高爾基告別的時候，憂慮地說：「以後做事要小心，粗心大意是不行的。」他把雙手插在高爾基的腋下，雙手舉起高爾基，親吻著，接著又穩穩地把高爾基放在甲板上。

養成讀書習慣

當離船上岸時，斯穆雷又送給高爾基一個墜著五彩玻璃珠的煙袋留作紀念，他最後對高爾基說：「讀書吧！這是生活中再好不過的一件事了。」

高爾基依依不捨地離開了岸邊，回過頭來看著這位高大、孤獨的長者。他為自己而懊悔，假如能永遠跟他在一起該多好啊！他幾乎哭出聲來。

這樣，12 歲的高爾基又一次失業了。

「善良號」輪船上的經歷，使高爾基知道生活中不僅有卑鄙，還有善良；人生不僅只有痛苦，還有幸福。讀書本身就是幸福，並且是這樣只要自己願意，就可以實現和享受到的幸福。而在認識廚師斯穆雷之前，高爾基厭惡一切書籍、一切印刷品、有字跡的紙張，甚至身分證。從「善良號」輪船回來後，高爾基開始自覺地、有意識地去讀書了。

漸漸地，令高爾基感興趣的已不單單只是故事中的情節，還包括寫作者描繪事物的手法，以及作者寫作的意圖。對於書中他所熟悉的事物的誇張描寫，高爾基開始用半信半疑的態度來對待。

挑起生活重擔

高爾基又回到了外祖母的家裡。此時的外祖父和外祖母再一次搬回了城裡居住。他們又重新回到了沒有鋪石子、長著雜草的纜索街，只是這一次，外祖父已經沒有錢再買一棟樓，而只能住在纜索街後端的一所小房子裡。

看見外孫回來，外祖母立刻就去燒茶水，對高爾基關懷備至。外祖父卻還是老樣子，冷嘲熱諷地對他說：「看看，我尊敬的佩什科夫先生又回來啦！你這次賺了好多錢吧？」

高爾基決定以捕捉會唱歌的鳥雀為生。他想，捕來鳥後，交外祖母去賣，一定可以把生活過得好。

他用自己做洗碗工賺來的錢買了一個網、一個環和幾個捕鳥器，做了一些鳥籠。每天天快亮的時候，他就守在山溝灌木叢裡，外祖母拿著籃子和口袋，在樹林子裡走來走去，採一些過了時節的蘑菇、莢果、核桃等。

山溝有土質的側面露在外面，黑黝黝，很陡峭。它的另一側坡度卻很緩，上面長滿枯草和鬱鬱蔥蔥的灌木叢，零星地夾雜著黃的、紅的、淺紅色的落葉。微風吹過，葉子紛紛滑落下來，在山溝裡飛舞飄蕩著。

在山溝底部，長滿牛蒡草的深處，有很多小鳥在那裡唧唧喳喳地叫著。一會兒，一群黃雀落在灌木叢裡，像一群頑皮的孩子，蹦蹦跳跳，東張西望。太陽升起來了，鳥雀越來越多，叫聲也越來越歡快。

挑起生活重擔

外祖母賣掉了高爾基捕獲的鳥，賺了 40 個戈比。高爾基以捕鳥為生度過了整個夏天。經歷了很多事以後，他又長高了一截兒，人也變得更機靈了。

冬天快要來的時候，樹林裡已經再也沒有鳥可以捕了，外祖父又一次把高爾基領到了繪圖師的家裡。外祖父對他說：「去吧！去鍛鍊一下，這對你沒有什麼不好。」

在高爾基看來，繪圖師家的生活越發沉悶乏味，與第一次來時所不同的是：他們家又添了兩個嬰孩，高爾基要做更多的勞役。除了每天在家裡洗滌那些嬰孩的衣物外，每星期還要有一次把衣服拿到憲兵泉洗滌一次，當然其他的雜事是不能免的。不過在高爾基看來和那些率直快樂的洗衣婦在一起，倒比在繪圖師家裡開心得多。

此外，高爾基還和繪圖師家鄰近的軍官的勤務兵來往。從勤務兵的口中，高爾基知道了軍官們正輪流給痴情的裁縫師傅的嬌小的妻子寫情書，以此來戲弄她的感情。高爾基決意要把這件事的內幕告訴裁縫師傅的妻子。

一天，高爾基趁裁縫家的廚師出門的機會，偷偷從後面的樓梯進去，溜進了她的房間。高爾基先走進廚房，廚房裡一個人也沒有，又走進了起居室。裁縫的妻子坐在桌子邊，一手端著一隻笨重的鍍金茶杯，另一手拿一本打開的書。她看見高爾基進去，嚇了一跳，立即把書按在胸口上，輕輕地叫喊：「哎呀！你是誰呀？想做什麼？」

高爾基上氣不接下氣地說出了軍官們對她的陰謀，裁縫妻子

被嚇得發呆了半天，等她漸漸安定下來後，她微笑著對高爾基說：「你真是個奇怪的孩子！」

她邀請高爾基在自己的身旁坐下來，並親切地問：「你上過學嗎？你喜歡看書嗎？」高爾基與她愉快地交談起來，並要求向她借書看。裁縫妻子很痛快地答應了，開始借各種書籍給高爾基。

高爾基越來越高漲的讀書熱情，也給他帶來了意想不到的難堪和凌辱。

一個星期六的傍晚，主人一家外出做徹夜祈禱去了，高爾基沒有去，躲在閣樓上，用主人家的蠟燭偷偷地看一本從裁縫師傅的妻子那裡借來的書。

這天晚上，高爾基讀書入了迷，以致大門的門鈴響起來時，他都不清楚是誰在按鈴，不明白為什麼要按鈴。

保姆從房間裡跳出來，大聲地喊：「佩什科夫，你沒聽見門鈴響嗎？你聾了不成？」

這時，高爾基才恍然大悟，趕緊跑去開門。

繪圖師一進門就厲聲地問：「你睡著啦？」

繪圖師的妻子一邊爬上樓梯，一邊埋怨高爾基害得她著了涼。他們的母親卻對高爾基罵個不停，當她看到那支將要燃完的蠟燭的時候，她高聲地叫喊著：「你們看，整整一支蠟燭都讓他點完了，他會把房子燒光的！」

在吃早餐的時候，主人一家又重新數落高爾基過去犯過的有意或無意的過錯，並嚇唬他日後不會有好結果。他們吃飽了飯，就疲乏地走散，睡覺去了。

挑起生活重擔

高爾基等主人們睡著後又偷跑到閣樓上藉著月光看書，但是月光太暗而書上的字太小了，他根本就看不清楚。

於是，高爾基又爬到主人家的聖像前，藉著長明燈的光看起書來。

可是，有一天晚上，繪圖師的母親半夜起床，發現了高爾基的這個祕密，她一把奪過了高爾基的書就要毀掉，高爾基立即給她下跪請求她手下留情。

這之後，高爾基把裁縫妻子的書藏在了他認識的勤務兵那裡，只在偶爾的時候才去看。

但高爾基還是太想看書了，他又擔心主人他們毀掉裁縫妻子的書，思來想去，他只好去主人家附近的一家商店借書來看。

高爾基每天都會去商店給幫主人一家賣早餐麵包，他便借此機會向老闆租書來看。

當高爾基劈柴的時候，他就躲在柴棚裡看書；當晚上別人都睡著了的時候，他就偷偷起床到長明燈下看書。

有時當高爾基讀到一本有趣的書，或者想快點讀完它，就會去偷著點燃主人的蠟燭看。

但繪圖師的母親是個守財奴，她把家裡的蠟燭數得一清二楚，並量好長度，一旦發現短少，她就抓住高爾基痛打一頓。高爾基沒辦法，只好用銅鍋映著月光來看書。

後來，繪圖師的母親發現了高爾基的藏書地點，她不由分說就把高爾基借來的書扔進了火堆。

高爾基為此傷心不已，但這更增強了他讀書的強烈渴望。他

總是想辦法看書，但他總是被繪圖師的母親發現，她無情地搶走他書，並通通毀掉。

不久，高爾基的另一個麻煩就來了，因為被主人母親撕掉的書全都是他從商店借來的，意味著他將要賠償這些書的錢。

高爾基欠下店主 47 個戈比，這筆錢對高爾基來說是一筆不小的數目。高爾基每個月的傭金都被主人交給了他的外祖父，他自己本來就沒有錢。

沒有辦法的高爾基想到了偷。

每天早上，高爾基都會給男主人洗衣服，他的褲子口袋裡常常會掉出一些錢。有一次，高爾基在主人的口袋裡發現了一個 20 戈比的銀幣，當他把錢交給主人的時候，主人連連誇獎他，並笑瞇瞇地對自己的老婆說：「我就知道佩什科夫是最誠實的孩子。」

現在，當高爾基想去偷主人的錢時，他想到了自己的心靈是多麼的骯髒，想起外祖母對他說的不能做小偷的事，他覺得很為難。

高爾基的異常引起了男主人繪圖師的注意，他趁別人沒有看見的時候，悄悄問高爾基：「喂，佩什科夫，你怎麼這麼反常啊？！是不是想家啦？」

高爾基坦白地把自己的心事全對繪圖師說了，繪圖師聽後，皺了皺眉頭說：「你難，這些書把你給弄成什麼樣子啦！讀書肯定是要給你帶來麻煩的。」說完，他送給高爾基 50 戈比，並嚴厲地囑咐著說：「你可要小心，千萬別說出來給我妻子和母親聽見，否則的話，又要鬧得不可開交了。」

挑起生活重擔

接著，繪圖師又親切地笑著說：「你這小夥子真倔強，拿你有什麼辦法呀！可是以後不要再看書。從明年開始起，我會買上一份好報紙，你就有可看的了。」

新年過後，繪圖師真的訂了一份《莫斯科報》，此後，高爾基就又多了一個給主人一家讀報的任務。

不過，這份報紙上的文章實在是太少了，根本就不夠高爾基看。後來，他又經歷了一件不愉快的事。

那是一個星期天，主人一家去做早彌撒，高爾基在廚房裡燒上茶炊，就去收拾房間。主人家的孩子溜進廚房擰下了茶炊上的水龍頭，水流光後，茶炊內膛裡的木炭開始燒乾鍋。

高爾基在房間裡聞到一股難聞的氣味，當他跑到廚房的時候，他看到茶炊已經被燒壞了。剛好在這個時候主人一家又回來了。

主人的母親看到被燒壞的茶炊，不由分說拿起一塊松木劈柴，對準高爾基的脊背就是一頓毒打。

這天傍晚，高爾基的後背就像枕頭一樣地鼓了起來，原來他的皮膚裡扎進了許多松木上的長木刺。

第二天中午，主人不得不把高爾基送進了醫院。

一個瘦高的醫師檢查完高爾基的傷口，從高爾基的背上夾出42根木刺，醫師非常氣憤地對高爾基說：「他們這樣毒打人，你可以按鈴申告。」

高爾基回到了主人家，他並沒有去告發，主人一家對高爾基頗為滿意。他們以後對他空閒的時候看書，也不再干擾了。

當高爾基傷好後，他又到裁縫妻子那裡去借書。像大仲馬、彭桑‧杜‧特里爾、蒙臺潘‧沙科涅、加博里奧、埃馬爾、巴戈貝的書，他一本接一本地讀。

　　他很快就弄懂一個道理，在這種寫得津津有味、變化多端、錯綜複雜的書中，雖然國家和城市各不相同，發生的事件各式各樣，但講的都是：好人走壞運，受惡人欺凌，惡人常比善人走運、聰明；可是等到後來，總有一個難以捉摸的東西，戰勝了惡人，善人一定得到最後的勝利。

　　而那些談及「愛情」的文章，大多令人生厭，男男女女用老掉牙的套話談情說愛。這非但不讓人覺得好看，反而讓他覺得沒意思。

　　高爾基一本接一本地讀下去，漸漸地明白了俄羅斯生活與其他國家生活的不同之處。他內心隱隱約約的憤恨情緒漸漸被激發出來，他開始懷疑那些翻捲著書角、汙穢不堪的黃色書頁裡所述內容的真實性。

　　一次，當他讀著法國作家龔古爾的長篇小說《桑加諾兄弟》，沉浸在賣藝弟兄的悲慘故事中時，他的兩隻手發抖了。當他讀到那個不幸的、斷了腿的藝人爬上閣樓，而他的弟弟正在那裡悄悄地練他們所鍾愛的技藝的時候，他放聲大哭了。

　　這以後沒多久，他又從裁縫妻子那裡借來了英國作家格林伍德的《一個小流浪兒的真實故事》。

　　高爾基一開始就對這書的書名產生了興趣，當他打開第一頁，他就立刻在心中喚起了狂喜的微笑，並一直含著這樣的微笑

把全書唸完，有些地方還念了兩三遍。

看完了這部書，高爾基才知道，原來在外國還有很多貧窮的小孩，他們的生活甚至遠遠不如自己！

格林伍德的這部書使高爾基獲得了無窮的力量。很快，他又借到了法國另一作家巴爾扎克的《歐也妮·葛朗臺》。

書中的葛朗臺老頭使高爾基自然地聯想到了他的外祖父。雖然高爾基熟悉自己的外祖父那麼久了，但他對老人的認識和了解卻沒有在他讀完《歐也妮·葛朗臺》之後所認識和了解的那樣深刻。書中歐也妮的父親葛朗臺老頭子也是一個吝嗇、刻薄的人，但是比高爾基的外祖父更愚蠢，也沒有外祖父有趣。

經過這樣的比較，高爾基終於發現了自己外祖父的可愛一面，不由得有些想念自己雖吝嗇但卻善良的外祖父來。

在龔古爾、格林伍德、巴爾扎克等人的小說裡是沒有善人，也沒有惡人，有的只是一些最最生動的普通人，精力充沛得令人驚奇的人。他們是不容懷疑的，他們所說的和所做的，都是照原樣說和做的，而不可能是別的樣子。高爾基覺得這些故事才是真實的故事，是真正的好書，他對它們愛不釋手。

高爾基在裁縫妻子那裡借了幾乎一年的書。第二年春天，裁縫師傅的妻子突然不知去向。過了幾天，她的丈夫也走了。

高爾基心裡充滿憂傷，他多麼想能夠再見到裁縫師傅嬌小的妻子，向她說幾句感激的話啊！

借書的故事

　　裁縫一家還沒全部搬走的時候，繪圖師家樓下又搬來了一個眼睛烏黑的年輕夫人，她帶著一個小女孩和年老的母親。

　　母親是一個白頭髮的老婆婆，她一天到晚嘴裡含著一支琥珀菸嘴抽菸卷。夫人是個很漂亮的美人，她的樣子威嚴、驕傲，常喜歡用低沉而悅耳的音調說話，看人的時候則昂著頭稍微把眼睛瞇著，好像別人站得很遠，看不太清楚一樣。她的小女孩也像夫人一樣美麗動人，年齡大概四五歲。一名叫邱弗亞耶夫的士兵，在她家當幫傭。

　　這家人搬來的第一天，就引起了高爾基的注意。那位老婆婆，一天到晚總帶著沉默的邱弗亞耶夫和一個肥胖的女僕，埋頭在家中做家務。而那個小女孩沒有奶媽，也不用人看管，整天在臺階上或者對著臺階的柴堆上玩耍。

　　高爾基很快便和這個美麗的小女孩混熟了，每天傍晚，他都要抽空出來和她一起玩。

　　高爾基給小女孩講各式各樣的童話故事，小女孩也滔滔不絕地講關於她們的生活。

　　一天黃昏，高爾基坐在門廊上等主人一家從奧特科斯散步回來，小女孩也在一旁玩耍。她的母親從她身邊經過，輕捷地起身下馬，然後頭往後一昂，對小女孩說：「親愛的，該回家吃晚飯了！」

借書的故事

　　小女孩順從地跟著她的母親走了。但晚飯過後，她家的女僕來叫高爾基，說小女孩不跟高爾基說「再見」，就是不睡覺。

　　高爾基得意洋洋地走進她家的客廳，小女孩迎過來，很熱情地拉高爾基坐在柔軟的沙發上，一邊對母親說：「媽媽，他是我的朋友，常常給我講故事呢！」

　　小女孩的母親好奇地問高爾基：「你怎麼知道那些故事的，你讀過書嗎？」她的臉上露出了愉快的笑容。

　　高爾基羞澀地告訴她自己讀過的幾本長篇小說的書名，美麗的夫人站起身來，說了一句，「原來是這樣。」並接著說：「嗯！那好吧！我可以借些書給你，不過眼下我沒有。那你先把這本拿去看吧！」

　　說著，她從長沙發上順手拿了一本黃色封皮的書遞給高爾基，並且說：「讀完了，再來拿下一本。」

　　高爾基拿著一本俄國革命作家梅謝爾斯基公爵寫的《彼得堡的祕密》回去了。他聚精會神地讀了這本書沒幾頁，就感到有些乏味。

　　高爾基覺得，這本書裡，講的都是虛無主義者的一些東西，只有關於自由和棍棒的寓言有可讀價值。

　　幾天後，高爾基把書還給了這位美麗的夫人。

　　夫人問：「哦，怎麼樣，喜歡嗎？」

　　高爾基很不情願地說出了實話：「不！」

　　高爾基以為夫人會怪他，不料夫人卻哈哈大笑了起來，她走到臥室，拿出了一本精裝的山羊皮封面的小書說：「這本，你一

定會喜歡讀它，只是不要把它弄髒了。」

這是一本俄國詩人普希金的詩集，高爾基如飢似渴地讀完了它。普希金樸實無華的語言、錯落有致的韻律，使高爾基大為驚嘆。這些詩句好像鳴響了新生活的鐘聲。讀著這些詩句，他心裡充滿著愉快和歡欣，他覺得一個人能夠認字讀書，是多麼幸福啊！

高爾基背誦了普希金的那些精彩的童話詩。每當躺下睡覺時，他就閉上眼睛，默讀著，直至進入夢鄉。有時他還把這些童話詩大聲地朗讀給勤務兵們聽，他們常常聽得放聲大哭。

高爾基表現得太興奮了，連他的主人們都看出來了，繪圖師的母親罵他：「這個淘氣鬼，從早到晚只知道唸書，茶炊有三天多都沒擦過了，是不是又想挨揍啦？！」

高爾基一點也不生氣，用普希金的話罵她：「黑心肝，做壞事，玩巫術的老太婆。」

這老太婆不懂高爾基說的話，只是氣得亂罵人。

高爾基不斷到美麗的夫人那裡去借書，她越來越多地和高爾基交談。從這位夫人那裡，高爾基得到了很多益處。

她鼓勵高爾基：「你應該讀一些俄國的書，應該了解我們自己的生活。」她列舉了若干俄國作家的名字，按著夫人的指點，高爾基讀了阿克薩科夫的《家庭紀事》、俄國史詩《在樹林中》、《獵人日記》，還有格列比翁卡和索羅古勃的幾部書，以及韋涅維季諾夫、奧陀耶夫斯基、丘特切夫的詩集等。

雖然主人一家不再干涉高爾基利用空閒時間看書，但他們還

借書的故事

是吝嗇地不給高爾基蠟燭用。

高爾基買不起蠟燭，就偷偷攢積蠟盤上的蠟油，把它們裝進一個沙丁魚罐頭盒，稍微加點長明燈油，然後用棉線充當燈芯，一盞煙霧騰騰的燈便做成了。

每天晚上，等其他人睡下了之後，高爾基就用這盞自制的燈看書。

不過這種燈也有很多缺點，每次當高爾基翻動書本的時候，這蠟燭的紅色火焰就要顫巍巍地搖擺一次，它隨時都會使高爾基陷入一片黑暗，燈芯也隨時都有可能被氣味嗆鼻的燈油吞沒，高爾基的眼睛也被油煙燻得異常難受。

高爾基因用眼過度而出了毛病，醫師在他的眼皮裡做了手術，他被告知需要休息很多天。

當眼睛好後，高爾基拆去繃帶，正趕上三聖節。主人放了高爾基一天假，他就跑去看那些勤務兵。

這天，勤務兵們喝醉了酒，一個士兵用一根大劈柴打傷了另一個士兵的頭部。高爾基抱起被打傷的士兵，任他頭上的血滴在自己的膝蓋上。被打傷的士兵慢慢清醒了，他莫名其妙地勃然大怒，大喊大叫，伸出兩隻髒兮兮的手，衝著高爾基的眼睛，狠狠地打了一拳。

高爾基大叫了一聲，眼前一片模糊。他跑到院子裡，用水沖洗了眼睛。

第二天早晨，高爾基到樓下的板棚取木柴時，撿到了一個空皮夾，他認出這是被打傷的士兵的皮夾，他拿著空皮夾送還了那個士兵。

但那個被打傷的士兵生氣地以為是高爾基偷走了他的錢，士兵告訴高爾基的主人。

　　主人把高爾基打了一頓，事後大家才知道原來是另外的人偷了士兵的錢。

　　高爾基無緣無故受到了誹謗，他不能忍受這樣的侮辱，便對主人說：「等傷養好了，我要離開這裡。」

　　主人感到很抱歉，他告訴高爾基讓他自己定奪就可以了。

　　臨別的時候，高爾基特意去向那個借書給他的夫人道別，但他沒有找到夫人，他對那個小女孩說：「請你告訴你媽媽，我非常感激她，你能告訴她嗎？」

　　小女孩說：「好的。」

知識的魅力

　　高爾基又去做洗碗工了，這一次是在「彼爾姆號」輪船上。

　　「彼爾姆號」輪船是一艘白色的、天鵝似的寬大的快班輪。高爾基這次的工作是廚房雜役，職責是幫助廚師，月薪是 7 盧布。

　　高爾基在船上認識了一個叫做瓦西里‧里巴科夫的年輕人。他是一個蠻橫陰鬱的人，平時總是沉默不語，要是誰惹了他，他就會用肩頭去撞人。他的蠻力足以把對方像皮球一樣地撞飛到海裡。

　　這天，他把高爾基堵在一個甲板角落，用惡狠狠的眼睛看著高爾基說：「嘿！我聽說你會認字。」

　　高爾基奇怪地看他一眼說：「是啊！有什麼問題嗎？」

　　里巴科夫的眼睛立即露出羨慕的神色，並不好意思地撓撓腦袋，臉上堆滿笑容對高爾基說：「是這樣的，我想請你教我認字，教會我，我就給你一個盧布。但要是你故意欺騙我的話……」他拍拍自己的肩頭，說道：「那我就把你扔到海裡去餵鯊魚。」

　　不等高爾基同意，里巴科夫又說：「我說話算話，上帝為證！」

　　說完，他用手虔誠地在胸前畫了一個十字。

　　「我的工作很忙，我只能抽空教你。」高爾基說。

　　里巴科夫高興地說：「那沒問題，洗碗的事我可以幫你。」

以後，高爾基就常在休息的時候把里巴科夫叫到自己的房間，教他認字。

　　里巴科夫的學習熱忱很高，又肯花心思。一天，他從一個碼頭散步回來，把高爾基拉到自己的房間，從帽子裡取出一張皺皺巴巴的紙片，激動地對高爾基說：「看！這是我從碼頭的一個牆上撕下來的，上面寫的是什麼呀？我看著好像是房屋出租的告示，是嗎？嗯，上面是寫的尋求租房人嗎？」

　　高爾基拿過紙片一看，上面果真寫著「房屋出租」幾個大字，下面是一排小字，他興奮地對里巴科夫說：「對，這的確是一份房屋的出租告示呢！」

　　里巴科夫高興得手舞足蹈，他說道：「你知道嗎？當我今天第一眼看到牆上的這張紙時，我突然感覺這幾個字好像我在哪裡見過，我就情不自禁地讀了出來。天啦！我居然真的將它讀了出來，而且還是正確的。老天爺啊，你告訴我，難道是我真的會認字了嗎？嗯！」

　　高爾基笑著向他點點頭，把紙片遞到里巴科夫手裡，鼓勵他說：「那你繼續讀下去吧！」

　　里巴科夫費力地、兩眼緊盯著紙上的字母，慢吞吞地、一個詞一個詞地念道：「『我有兩座樓房，二樓是空的，房租每月 10 盧布，需要的請到尼斯大街。』是這樣念的嗎？」

　　高爾基對他豎起大拇指，一邊點頭一邊說：「是的，對極了，你已經完全認識了。」

　　里巴科夫緊張的臉漸漸展開，變成一個很燦爛的笑容。他滿

意地收起那張紙，小心地捲起來，對高爾基說：

「啊！這個，我要把它保存起來，這是我認識的第一張紙呀！你明白嗎？它好像在向我悄悄地咬耳朵呢！這實在太神奇了。哦！小兄弟，我該怎麼說呢？」

他已經不知道該說什麼好了。

接著，他好像突然想起什麼似的，從褲袋裡掏出兩個盧布送給高爾基，並說：「佩什科夫先生，這是給你的學費，真是太感謝你了！」

高爾基擺擺手沒有接受里巴科夫的錢，他對他說：「里巴科夫先生，你別誤會，我不是為了錢才幫助你的。」

里巴科夫問：「那是為什麼？」

高爾基回答：「在生活裡大家本來就應該互相幫助，這樣上帝才會賜福給你。」

里巴科夫聽了很感動，他教高爾基吸菸，並把高爾基當成最知心的朋友。

看到里巴科夫學會了認字，高爾基也從心底里為他高興。他第一次感覺，原來把知識與別人分享也是一件很有意義的事。

高爾基在這艘輪船上沒待幾個月秋天就來了。到了這個季節，輪船停運，他只好又重新去找事做。

這時，高爾基已經14歲了，他被送進了一家聖像作坊當學徒。那裡有20多位畫像師，工作條件十分惡劣，生活困苦不堪。

清晨，在大家都沒起床前，高爾基需要先起來給各位師傅燒好茶炊，等師傅們在廚房裡喝茶的期間，他與另一個學徒一起整

理作坊，並將用於調色的蛋黃蛋清準備好。

做完這些工作，他還要到店鋪裡去幫忙招攬顧客。到了黃昏，則是學徒們學習的時候，他們先要幫忙師傅磨顏料，然後才能觀摩師傅們的手藝。

起初，高爾基懷著極大的興趣觀賞師傅們的手藝。不久，他就感到厭煩了。他發現幾乎所有的畫師對他們的工作都感到無聊和厭煩。

在工作之餘，高爾基喜歡給師傅們講輪船上的生活和書上的故事。時間一長，高爾基對那些聖像作坊的師傅們就顯得非常重要。雖然他此時還是個孩子，但對於人生，對於生活，他的見識卻要比師傅們高遠得多。

由於高爾基讀了很多書，他的眼界已超越了他們的想像所能達到的境域。在大家閒談的時候，那些長著鬍子的師傅都不得不傾耳靜聽他的談話。在空暇的時間，他到處找書讀給師傅們聽，並樂此不疲。

有一次，他得到一本《萊蒙托夫詩集》，上面印有長詩〈惡魔〉。這本書鼓舞人們反抗壓迫，追求光明與自由，在當時是一本禁書。但高爾基讀了這部書後卻很激動，他感到既痛苦，又快活。

他把這本書讀給師傅們聽，他一邊讀一邊因為激動而流下眼淚。他的聲音常常中斷，眼淚使他看不清詩句，但他的聲音卻更加有力。作坊裡的師傅們小心翼翼地暗中活動，差不多所有的人全圍在桌子的四周，緊緊地擠在一起。等高爾基讀完了第一章，他們互相擁抱著，皺著眉頭微笑。

知識的魅力

　　高爾基第一次感到了詩的力量，感到了詩對於人的巨大影響。他特別喜歡這些師傅們，他們對高爾基也很好。有了書，春天就好像來到了他們中間，他們不願意看到眼前貧窮乏味的生活，他們憧憬著未來的美好生活。

　　第二年春天，高爾基再一次想到輪船上去找個工作，他想要離開下諾夫戈羅德城到阿斯特拉罕去，因為那是他和自己的父母親一起生活過的地方。

　　高爾基一有空就離開聖像作坊到窩瓦河去閒逛，以便等待時機的到來。

　　一天，他在河岸上瞎轉的時候，遇到了他以前的師父繪圖師。繪圖師很熱情地招呼高爾基，並拿出一支香菸給他吸。這時的繪圖師已經成了建築承包商，他想請高爾基給自己當工程監工，每月工資 5 盧布，外加每天 5 戈比的飯費。

　　高爾基想起繪圖師曾經冤枉過自己，打過自己，就不願幫他。可繪圖師不停地說對不起，使高爾基的心終於軟了下來。最後，他還是答應了。

在書海裡徜徉

高爾基又來到了繪圖師的家裡。在這裡，他發現原來住著那位美麗夫人的房子裡現在住著一大家子人。這家有 5 個少女，其中有兩個是中學生，她們一個比一個長得漂亮。高爾基很快和她們成為了朋友，那兩個中學生還把自己的書籍借給高爾基看。

高爾基如飢似渴地閱讀俄國作家屠格涅夫的著作，他驚奇地發現：屠格涅夫的書像秋天的天空一樣明朗晴和，書中的人物個性都至純至潔；更為可貴的是，他寫得通俗易懂，語言簡潔，所描繪的一切都無比美好。

高爾基還讀了俄國平民知識分子作家波緬洛夫斯基的《神學隨筆》。書中寫的內容和他在聖像作坊裡的生活非常相似，他是那樣熟悉書上人物由煩悶而引發的絕望，以及由這種絕望而轉化來的惡作劇。高爾基開始喜歡看俄國作家的書了。在書中，他常常能看到自己熟悉和傷感的東西，書頁之間彷彿隱藏著大齋節的鐘聲，只要他把書翻開，這鐘聲就會輕輕地「嗡嗡」作響。

他讀了許多俄國作家們的小說，有陀思妥耶夫斯基的《死屋手記》、列夫・托爾斯泰的《三死》、莫爾多采夫的《時代的表徵》、奧穆列夫斯基的《穩步前進》、沃洛格金的《斯穆林諾村紀事》等。

但高爾基最喜歡的作家卻是英國作家狄更斯和華特・司各特。讀他們的作品，高爾基通常一本書要讀上兩三遍。他覺得讀

華特‧司各特的書就像在金碧輝煌的教堂裡做節日彌撒，有點拖沓、乏味，但卻莊嚴肅穆；而狄更斯則更是一位天才的作家，高爾基對他的作品佩服得五體投地。

每到傍晚，繪圖師家樓房門口的臺階上就會聚集一群人，有繪圖師家的孩子，也有那兩個借書給高爾基的少女，還有其他幾個少年。這群人還喜歡說些各自學校裡的事，他們常常抱怨自己的教師和學校的清規戒律。聽著他們的談話，高爾基覺得自己比這些朋友更自由，但他們的忍耐力也讓他驚奇。儘管如此，他還是非常羨慕他們，因為他們能夠在學校裡學習知識。

繪圖師家的製圖工作很多，高爾基來了也忙不過來，於是繪圖師又請了高爾基的繼父來幫忙。

傍晚，高爾基從工地進到飯廳，一個人向他伸出手來對他說：「您好！」

高爾基認出這是他的繼父。繼父看著高爾基，露出尷尬的笑容。從前的事一下子像火一樣燃燒起來，高爾基想起繼父曾經那樣毒打他的母親，他一點也不想理會這個人。

「我們又見面了。」說著，繼父咳嗽起來。

繼父的飯量大得驚人，主人一家用令人難堪的態度對待高爾基的繼父，這反而縮短了高爾基與繼父的距離。

繼父對主人一家人顯得非常有禮貌，他從來不先開口說話，回答別人的問話也顯得簡潔和善。他站在桌子旁，心平氣和地開導主人：

「這裡要用一個楔子來把人字梁卡緊，這樣可以減少對牆壁的

壓力。」他常常向主人提出許多好的建議，這使高爾基慢慢地改變著對他的態度。

有時候，繼父會到主人後門的過道裡去看高爾基。這過道是通向閣樓的樓梯，下面是高爾基睡覺的地方，他常常坐在樓梯上對著窗戶讀書。

繼父來到高爾基面前，吐著嘴裡的煙霧問：「您在看書？看什麼書呢？」

高爾基把書給他看。

繼父看一眼書名說：「噢，這本書我好像讀過。您想抽菸嗎？」

高爾基早在輪船上就跟著里巴科夫學會了抽菸，他們便一起抽起煙來。

有時繼父勸說高爾基：「嗯！您最好還是從這裡離開，最好去上學。我看不出這裡對您有什麼意思，有什麼好處。說實在的，我們這幾位主人真是壞透了，壞透了。」

繼父跟高爾基說話的時候總是尊稱他為「您」，說話時也就像對平輩一樣，這令高爾基有些受寵若驚。

高爾基很想跟繼父一起談論談論書籍，不過繼父看上去似乎並不怎麼喜歡書。他還經常告訴高爾基：「您不要過於著迷，書裡寫的很多事情大都被美化了，而對某些方面又有所歪曲。大多數寫書的人都跟我們的這些主人差不多，都是些渺小的人物。」

有一次繼父問高爾基：「岡察洛夫的書您看過嗎？」

岡察洛夫是一位俄國作家。高爾基回答說：「讀過一本叫做

《戰船巴拉達號》的。」

繼父說：「《戰船巴拉達號》很沒意思，我建議您讀讀他的長篇小說《奧勃洛摩夫》。這本書是俄國文學上最優秀的著作，寫得非常真實、大膽。」

高爾基告訴繼父自己更喜歡英國作家狄更斯的作品。

繼父說：「您要相信我，法國作家福樓拜的作品《聖安東尼的誘惑》也是非常有意思的。這部書在《新時代》報副刊上連載過，您應該看看。不過，如果您對宗教和關於宗教的一切感興趣的話，那您應該看看《誘惑》。」

他給高爾基找來一疊《新時代》副刊，於是，高爾基開始讀福樓拜的作品。但這些作品讓高爾基想到聖賢傳裡的很多段落和鑒定家所講的故事中的一些地方，他把這些想法告訴給繼父。

繼父說：「嗯！看來您還不適合讀這類書，不過，當您長到我這個年紀的時候，您可以看看。」

有一次，高爾基好奇地詢問繼父對上帝的看法，繼父冷靜地說：「這個我不知道。我不信仰上帝。」

高爾基覺得繼父之所以這樣說，是他自己已經接近死亡，因為他知道繼父也患上了和當年自己母親一樣的肺病。

過了一些日子，繼父不再來繪圖師家裡了，高爾基隱約感到他一定是不行了。

一天，繪圖師的母親給了高爾基一個白信封，打開來看，一張紙上寫著：

您要有空閒時間，請來見一面。我在馬爾丁諾夫醫院。

伊戈爾‧馬克西莫夫

伊戈爾‧馬克西莫夫是繼父的名字，高爾基準備去醫院看他。第二天清早，高爾基到了醫院，繼父漂亮的眼睛朦朧地對著黃色的牆看來看去，落在高爾基的臉上，然後很吃力地說：「是您嗎？謝謝你！」

他的聲音很微弱，似乎很累了。過了一會兒，他忽然把嘴張得好大，忽然叫了一聲，並痛苦地扭動著身子。高爾基急忙去喊醫生，可是繼父再也沒有醒過來。

高爾基參加了繼父的葬禮，望著繼父的棺材被埋入地下，他的心裡有說不出的難過。

想去上大學

　　每天早晨 6 點，高爾基都會去工地工作，在那裡他又新交了一些有趣的朋友，他們是木匠奧西普、瓦匠葉菲穆什卡、石匠彼得和抹灰匠戈裡高利‧施什林。

　　高爾基的工作就是負責監督他們，防止他們偷釘子、磚頭、木板等東西。高爾基盡心盡力地做好自己的工作，他和工人們也相處得不錯。

　　高爾基在休息的時候常常去下諾夫戈羅德城的貧民區逛逛。那條街被人們戲稱為「百萬富翁大街」，在那裡住著這個城市的所有流浪漢和乞丐。

　　高爾基對這些人的生活方式和生活態度很感興趣。這些人遠離普通人的生活，似乎過著只屬於他們的不受任何人約束的快樂生活。

　　他們無憂無慮，喜歡冒險，這使他想起了外祖父講的窩瓦河上縴夫的故事。那些縴夫不忍生活的重負成為了強盜和隱士，專門搶劫和盜竊駁船上的貨物。面對這些無法無天的乞丐，高爾基並沒有感到害怕和不安，他知道這些人是不會傷害他的。

　　繪圖師承包的建築工程如期完成了，高爾基又一次失業了。

　　這時，高爾基已經 16 歲了，他想去上大學，並希望透過上學來改變自己的生活。高爾基的這個想法是源於一個叫做尼古拉‧葉甫諾夫的中學生。

葉甫諾夫有一雙女人般溫柔的眼睛，長著一張漂亮臉蛋，是個討人喜歡的年輕人，當時就住在高爾基主人閣樓的旁邊。他因為常見到高爾基讀書，就對高爾基發生了興趣。

　　後來，葉甫諾夫知道高爾基把自己的全部空閒時間都用來讀書，非常高興，認為自己是找到了知音。他稱高爾基「天生就是為科學而生」。

　　葉甫諾夫給高爾基講科學家法拉第的故事。

　　法拉第出生在英國一個極普通的鐵匠家庭，他的一生在物理學和化學方面有很多發明和創造。

　　葉甫諾夫對高爾基說：「這就是說，一個普通的工人透過努力能夠成為一個發明家！那麼你也可以，不是嗎？」

　　葉甫諾夫詳細地為這個新朋友制訂了一個計劃：高爾基可以到喀山去，本年秋季和冬季可以把中學課程補習完，然後可以考入大學，5 年之後就會成為一個學者。他還告訴高爾基，自己在下諾夫戈羅德城上學，讀完中學也要回喀山讀大學了。

　　終考後，葉甫諾夫返回故鄉喀山去了，他邀請高爾基到喀山他的家裡去住。高爾基愉快地同意了。

　　1884 年的秋天，高爾基去向外祖母辭行。臨行前，慈愛的外祖母語重心長地告誡他說：「對別人要有禮貌，要講道理，出門在外自己多保重。」

　　她從微微發黑的、憔悴的臉上抹掉幾滴稀疏的淚珠，又對高爾基說：「也許，我們再也見不著了。你以後會走得很遠很遠，我也快不行了。」

高爾基突然感到說不出的痛苦，他覺得再也不會遇見像外祖母這樣關心他、親近他的人了。他站在船尾，望著身影孤獨的外祖母，看她正站在碼頭邊上，一隻手劃著十字，一隻手用那條舊圍巾的邊緣擦著眼淚。高爾基的淚水不由自主地滑落下來。

特殊的大學

　　阮囊羞澀卻滿腦子美好願望的高爾基，來到了窩瓦河上的另一座城市喀山，住在了尼古拉‧葉甫諾夫的家裡。

　　喀山是俄羅斯東部當時的一個文化中心，這裡有教育機關、博物院，還有一所皇家喀山大學。

　　喀山也是革命人物的聚集地，當時不少民粹派人士在那裡活動。他們大多是受過教育的知識青年，主張用恐怖手段對付沙皇，他們認為這樣就能達到革命的目的。自 1880 年代起，民粹主義逐漸被馬克思主義所代替。

　　高爾基一來到喀山，就意識到事情與他心裡希望的以及他的朋友葉甫諾夫所保證的不一樣。

　　他的朋友葉甫諾夫的母親是個寡婦，靠微薄的養老金含辛茹苦地拉扯著兩個大男孩。面對這家人的窘境，高爾基為自己成為一個多餘的人而感到十分難堪。

　　高爾基來到葉甫諾夫家的一天早上，葉甫諾夫和他的弟弟還在睡著。高爾基到廚房幫助他的母親洗菜。他的母親小心翼翼地問高爾基：「佩什科夫先生，你來這做什麼？」

　　高爾基毫不猶豫地回答：「讀書上大學。」他把葉甫諾夫為自己設計的規劃全都告訴了她。

　　她吃驚地、呆呆地望著高爾基，過了好半天才說了一句：「唉！這孩子，他自己還不知道怎麼樣呢！」

特殊的大學

　　高爾基很理解這位母親的艱辛，每當他從葉甫諾夫母親的手中接過麵包時，都感覺到好像是被一塊石頭重重地砸在心坎上。

　　高爾基天真地幻想自己會在一年之內讀完大學預科，然後順利進入大學，並且靠獎學金完成學業，不再拖累葉甫諾夫的家人。葉甫諾夫是一位熱心真誠的人，他不只是在生活上給高爾基以關照，而且竭盡所能地在學業上幫助他，把自己在學校學到的所有知識都毫無保留地傳授給他。

　　可高爾基很快就意識到，自己上大學的想法很難實現。因為他沒有系統地學習過中學課程，基礎知識相當薄弱，根本無法達到高等教育所要求的水準。

　　既然如此，長期住在葉甫諾夫的家裡，靠貧困慷慨的朋友一家養活，他實在於心不忍。

　　於是他決定次日一大早就出去工作，就是找不著工作，也不能在葉甫諾夫家吃閒飯。

　　此後，高爾基每天都出去找工作。他經常在窩瓦河碼頭上做事，在那裡賺 15 個或 20 個戈比。要是碰上颱風下雨，他便在一所半毀了的大屋子的地下室裡坐上一整天，聽著外面傾盆大雨和狂風怒吼，聞著動物屍體的腐爛臭味。

　　在這一段時間裡，高爾基結識了許多新的朋友，其中有一個名古利・普列特涅夫的青年。

　　古利・普列特涅夫相貌平平，皮膚略黑，頭髮黑黑的，很像日本人。令高爾基奇怪的是，他的臉上長的雀斑像火藥一樣均勻地塗抹在他的皮膚裡。

和許多有天賦的俄羅斯人一樣，普列特涅夫並不想發展自己的才能，而是喜歡躺在天才的桂冠裡度日。

　　他有很好的藝術天賦，聽力敏捷，會彈豎琴、拉手風琴，可惜他不去深究，僅僅滿足於此。

　　他雖然很窮，但總是對世界上的一切感到新鮮、愜意。他知道高爾基生活艱難，無依無靠，到處流浪，就讓高爾基和自己住在一起。

　　他還建議高爾基先去參加鄉村小學教師的資格考試，如果成功的話，先當個教師，這樣可以有一筆固定的收入，還可以在工作之餘進行學習，準備進一步深造。

　　聽了他的建議，高爾基就到雷伯內利亞德大街上一幢破爛不堪的房子裡住了下來，高爾基想：「這就是大學了。」

　　是的，這是一所特殊的大學，它被人們稱為「瑪魯索夫加貧民窟」。

　　高爾基的朋友古利・普列特涅夫住在貧民窟走廊通向閣樓的樓梯下面，那裡放著一張床，走廊盡頭的窗戶旁有一張桌子和一把椅子，這就是他的全部家當。他的工作是給一家印刷廠的報紙做夜班校對，每天可以賺到 11 戈比。

　　高爾基因為要參加教師資格的考試，就沒有出去賺錢，所以他們只能買一點麵包、茶和糖來充飢。高爾基在普列特涅夫的房間硬著頭皮念各種科目，學習呆板的文法。

　　不久他明白了，現在學習這些知識還有些操之過急，就算是透過了考試，因為他年紀太小也未必能夠當上老師。

於是，高爾基又出去找事做了。

普列特涅夫的房間只有一張單人床，他們兩人就輪流著睡，高爾基晚上睡，普列特涅夫白天睡。

高爾基白天的時候就去外面找事做，天一黑就回來，要是運氣好，他可以賺到一些錢買回一些麵包、香腸或牛雜碎，來補充他們的伙食；如果沒有賺到錢的話，他們就靠普列特涅夫的 11 戈比生活。但無論生活怎樣艱難，他們的日子都過得很快樂。

這座房子裡住著的都是社會底層的小人物，其中有窮困的大學生、學裁縫的女孩和潦倒的知識分子。這裡還住著一個身患肺結核的數學家，他一天到晚神經兮兮的，聲稱可以從數學中證明上帝的存在。

在這裡，高爾基還結識了一個叫巴什金的人。他上過師範院校，受過良好的教育，因為染上了肺病不得不住在這裡。

巴什金長著一頭棕色頭髮，臉上像演員一樣，刮得光光的。他身材矮小，動作敏捷輕巧，彷彿一隻貓。

巴什金讀書很多，人也很聰明，他給高爾基推薦法國作家大仲馬的《基督山恩仇記》時說：「這部書主題鮮明，感情豐富，又有理想又有真情。」

他對待高爾基像大哥哥一樣，真心實意地為高爾基指點迷津。他講話的藝術和語言的優美，令高爾基非常羨慕。他對高爾基說：「你為什麼像女孩似的那麼羞澀？是怕別人罵你不老實？老實對你而言如同枷鎖。公牛倒能安分守己，那是因為它整天只會吃草。」

還有一個叫做特魯索夫的行蹤隱祕的人也跟高爾基很要好。這個人相貌堂堂，衣著講究，手指像音樂家那樣纖細。他在處於城郊的船舶修造廠地區經營著一間小店鋪，店鋪外面掛著「鐘錶匠」的招牌，但那裡實際上是一個銷贓的場所。

　　儘管如此，特魯索夫卻經常警告高爾基說：「佩什科夫，你可別去跟偷竊這種事沾上邊。在我看來，你不是這條路上的人，你是個重精神生活的人。」

　　高爾基不明白他說的重精神生活指的是什麼，便好奇地問：「那麼，什麼是『重精神生活』呢？」

　　特魯索夫得意地捋一下自己花白的鬍鬚，一本正經地說：「那就是說，對什麼東西只抱有好奇，而不是羨慕！」

　　他這個觀點讓高爾基很不服氣，因為高爾基羨慕很多的人和事，比如巴什金、普列特涅夫和特魯索夫等。

　　高爾基羨慕他們的生活經歷比自己豐富，羨慕他們總是懂得比自己多。

　　就拿特魯索夫來說，高爾基就羨慕他會講許多西伯利亞、希瓦、布哈拉等地的故事，這些故事讓高爾基熱血澎湃。而當特魯索夫一談及高級修士的生活，他又是一副冷嘲熱諷、尖酸刻薄的神態。

　　有一次，特魯索夫向高爾基神祕地提到沙皇亞歷山大三世，他說：「這位沙皇真是個會做事的君主！」

　　高爾基讀到的小說裡常有一種人，他們在故事的開頭是以壞人的姿態出現的，到結尾時卻出人意料地變成了無私的英雄。他

特殊的大學

覺得，特魯索夫就應該是屬於這種人的。

高爾基還與一些品德高尚、關心政治的人交朋友，他們介紹他認識了一個雜貨店老闆安德烈‧捷林柯夫。

捷林柯夫是一個患病的獨臂人，他長高爾基十來歲，相貌溫和，鬍鬚灰白，眼睛裡透出精明。他的雜貨店在一條荒涼小街的盡頭，是一幢低矮的平房。他的店鋪迎面是一個很大的房間，光線不算好，只靠一扇天窗射入微弱的光。和大房間相連的是廚房，從廚房過去，走過一段不長的走廊，是一間倉庫。

這倉庫是一間祕密圖書室，收藏著許多禁書和珍貴版本的書。據說，這是喀山城最好的圖書室。喀山許多大學的大學生和進步開明的人們，常常來到這裡借書，這也是他們的聚會點。高爾基很快和捷林柯夫成了朋友。

從這時起，科學家、思想家和革命家的著作，代替了高爾基過去讀的那些小說和冒險故事。他開始學習亞當‧斯密的理論，讀俄國哲學家、文學批評家車爾尼雷夫斯基和馬克思的著作。

在當時的俄國，馬克思的《資本論》是少有的珍品，只有第一章的手抄本在民間流傳。

每天晚上，許多大學生和中學生到雜貨店來，其中也包括從西伯利亞流放回來、留在喀山工作的革命者和祕密學生團體的成員。他們在這裡慷慨激昂地熱烈爭論，有時也在這裡竊竊私語。他們希望改變現狀，希望生活變得更美好，所以經常在一起閱讀歷史和政治經濟學著作，分析沙皇統治下的黑暗現實，為國家的前途擔憂。

從這些人的談話中，高爾基發現，他們常說出一些他想說而不敢說出的話。這使他非常高興，但有時他又感到他們談論的書和事物，自己大都讀過，或親身經歷過，因而他又覺得自己比他們更了解生活。

　　在這些人眼中，高爾基就像木匠手中的一塊好木材，他們也很想把他製成一件不同凡響的成品。他們對高爾基十分嚴格，有時甚至使高爾基認為傷害了他的自尊心。有一次，高爾基在書店的櫥窗裡看到了一本叫《格言與箴言》的書，他讀不懂這書名的含義，便在一次聚會時向一位神學院的大學生請教，並想從這位大學生那裡借到這本書。

　　這個人長得很像黑人，長著捲髮、厚嘴唇、白牙齒。他以自己是未來的大主教的身分，嘲諷地對高爾基說：「您看看，小朋友，你這不是胡鬧嗎？這種書也是你能看得懂的嗎？讓你看什麼就看什麼，別亂拿了。」

　　高爾基是個很倔強的孩子，他把自己在碼頭上做工的錢，一點一點存起來，最終還是買了這本書。這是他第一次買的一本像樣的書，他十分珍惜這本書，認認真真地讀了一遍又一遍。

　　還有一次，高爾基讀《社會學入門》一書，他以為作者一是過分誇大了遊牧民族對人們文化生活的影響；二是忽略了富於創造才能的流浪人和獵人的功績。

　　高爾基把自己的想法告訴了一個從事語言學研究的大學生。這是一個在街上走路都要讀書的大學生，他常常因為把書放在臉上而和別人相撞。

特殊的大學

　　聽了高爾基的想法，這位大學生那張充滿女性美的臉上頓時莊重嚴肅了起來，他跟高爾基講起了「批評權力」問題，嘮嘮叨叨足足一個小時。

　　他對高爾基說：「你先得信仰真理，才可以去批評，才有批評的權力。那麼，你又信仰什麼呢？」

　　經常來小雜貨店聚會的還有一個在薩哈省被流放過10年的革命家，大家都叫他「霍霍爾」。他是一個很獨特的人。他有寬闊的胸膛，密實的落腮鬍，韃靼式光頭，身著一件哥薩克短大衣，扣子扣到嘴巴下。他總是寡言少語，愛坐在聚會的角落裡，一聲不響地抽自己的菸。

　　這個人令高爾基很好奇，同時對他又很敬畏。

　　從這個階段起，高爾基的思想發生了重大的變化，革命的理論像春雨一般滋潤著他的心田。那些描寫農村生活的樸素的現實主義文學作品，給了他新的啟示。他覺得只有對人類充滿了最強烈的愛，才會激發出追求生活的力量。從這以後，高爾基再不是只考慮自己，而是開始為他人著想了。

麵包作坊夥計

高爾基住的瑪魯索夫加貧民窟，是上山的交通要道，它在雷伯內利亞德和老戈爾內婭兩條街的交會處。

老警察尼基弗勒奇的派出所孤零零地守在老戈爾舍內婭街的轉角，和高爾基住的大門相距不遠。

尼基弗勒奇在這條街上當了很多年的警察，看上去還算聰明，笑起來也還親切，但總是掩飾不住眼睛中的狡猾神情。

他對人員複雜的貧民窟很是重視，每天都會全副武裝地到此巡視幾回。有一次，尼基弗勒奇在搜查這個貧民窟時，發現了高爾基的一本抄滿了摘要的本子。幸運的是這個本子上所抄的是拉甫洛夫的《現代理論學說及其歷史》。可是警察局還是把這件事上呈高爾基的故鄉下諾夫戈羅德城當局。

秋天到了，高爾基看到輪船開進了過冬的停泊所，碼頭荒涼起來，他打算找個固定的工作。

經人介紹，高爾基來到了瓦西利·塞米諾夫的麵包作坊。

看見高爾基，塞米諾夫噴著滿嘴的酒氣，一副沒有商量餘地的樣子說：「喂！一個月 3 個盧布做不做？」

看著塞米諾夫那副醉醺醺的樣子，高爾基真有點不想做，但想著嚴冬就要來臨，高爾基只好咬咬牙說：「做！」

塞米諾夫的麵包作坊在一個陰溼的地下室，裡面的窗戶全部用鐵網釘死，只能透出一點微弱的光。

麵包作坊夥計

高爾基和其他麵包工人被關在這裡，每天要做長達 14 個小時的工作。他們的工作是每人每天和 7 袋麵粉，並把它們都做成麵包。

這家麵包作坊不但工作十分繁重，而且像座監獄。老闆塞米諾夫是個冷酷無情的傢伙，經常虐待工人。

高爾基有時背著老闆，偷偷給工人們讀一些禁書，他很想使這些人產生過另一種新生活的願望。

高爾基時常把詩人們的詩句讀給同伴們聽：「哦！人呀！你的命運，是多麼崇高……」

他甚至想起義罷工，但沒有成功。

在這個階段，高爾基和其他工人還被老闆派去給其他城市的麵包店幫忙，他看到，那些地方的麵包工人生活和自己所處的麵包作坊沒什麼兩樣。

復活節時，他還到工友家去串門，從一個村莊走到另一個村莊。沿途他同樣看到農民們在地主和貴族的壓榨下過著逆來順受、因循守舊的生活。

耳聞目睹的現實使高爾基對書本中那些美好和甜蜜的農村生活的描述開始產生了懷疑。他所讀過的民粹派作家說農民們都具有崇高的道德品質，生來就是社會主義者，如果擴大村社的權利，讓每一個人都加入村社、獲得一塊土地，那時大家就會過上友愛和美好的生活。

而現實生活中的一切同書本中的描寫截然不同，他看見的只有綿延起伏的田野、光禿禿的土丘、黑色的樹木，一堆堆垃圾似

的茅舍和灰濛濛的天空，人與人之間也不友善，村社中的人們生活得都不愉快，因為強者總是在欺負弱者。

與民粹派作家的作品相比，高爾基更喜歡平民知識分子的作品。他經常給一起工作的工人們朗讀特舍列尼科夫、烏賓斯基等人的作品。有一次，塞米諾夫偷聽到高爾基跟工人們說的話，便罰高爾基揉了一個星期的生麵糰。高爾基為了維護自己做人的權利，他利用零碎的木柴做了一個小書架，一邊揉麵團，一邊看書。

塞米諾夫走進麵包房，看見高爾基正在讀一本托爾斯泰的著作，他一把抓過書，想把它丟進火裡去。

高爾基大聲地喊起來：「你敢燒我的書？」

塞米諾夫被這突出其來的叫聲驚呆了，他把書丟在地上，一聲不響地離開了地下室。

這之後，高爾基再次失業了。

不久，高爾基的一個熟人，那個雜貨店老闆安德烈・捷林柯夫經過周密籌劃，決定以自己父親的名義開一個小麵包坊。他初步計算一盧布可以產出 35 戈比的利潤，他打算用這些收入來獻給革命事業，並利用麵包坊來召集一些大學生們參加革命活動。

捷林柯夫讓高爾基當麵包師的助手，並且以「親信」的身分，監視作坊裡可能發生的偷麵粉、雞蛋、牛油、麵包事件。

高爾基很高興地接受了這份工作。他除了做正常的工作外，還每天給神學院的學生們送麵包，同時把一些革命書籍藏在麵包籃裡送給他們，有時他也參加學生討論會。

麵包作坊夥計

　　在捷林柯夫的小麵包作坊，和高爾基一起做麵包的還有一個叫伊凡‧柯茲米奇‧布托寧的麵包師傅。這個人長著一撮小鬍子，眼睛陰沉憂鬱，不大的嘴巴一天到晚都不停地嘮叨著。他不怎麼關心周圍的現實生活，卻總喜歡講一些別人發財的故事。

　　高爾基也喜歡講故事，但他的故事都是來自書本。為了使自己的故事更有說服力，更有意思，高爾基除了做好工作之外，還千方百計地找時間讀書。他往往是在一團麵粉剛剛揉好，另一團麵粉還沒有發酵，或麵包已經上爐烘烤的時候看書。兩人相處的倒也還融洽。

　　在這個時期，高爾基還遇見了俄國最早的馬克思主義者之一的費多謝耶夫。

　　那是一次在捷林柯夫小麵包作坊的聚會上，會上工人和大學生們都在激烈地爭吵著，高爾基則蹲在窗戶的臺下認真而努力地聽著。這時，費多謝耶夫來到窗戶前，俯下身子對高爾基說：

　　「您是麵包工人佩什科夫先生嗎？我們來認識一下吧！我是費多謝耶夫。說實話，在這裡也不能聽到什麼，我們還不如出去走走。」

　　高爾基便和他離開了麵包作坊，向城郊的田野走去。

　　費多謝耶夫問高爾基在工人中間有沒有熟人，問他最近在讀什麼書，空閒時間多不多等。他對高爾基說：

　　「我知道你們的麵包作坊實質是做什麼，但我奇怪的是你竟然願意浪費時間去做這種無謂的事情，這裡面有什麼原因嗎？」

　　高爾基把自己的真實想法告訴他，說自己有時候也確實覺得很沒意思。

費多謝耶夫認真地聽他講完每一句話，可以看出來，他很喜歡這個誠實正直的年輕工人。告別時，費多謝耶夫緊緊地握著高爾基的手說，他要離開喀山一段時間，並跟高爾基相約一個月以後再見面。

費多謝耶夫當時只有 18 歲，他那時剛剛在喀山召集馬克思主義學習小組。在第二年，他和列寧再次出現在了喀山，與小組的成員一起研讀馬克思的《資本論》，並確立了革命的世界觀。

捷林柯夫的小麵包作坊緊挨著老警察尼基弗勒奇的派出所，他經常像獵犬一樣圍著高爾基打轉。

一天，尼基弗勒奇突然來麵包作坊找高爾基，對他說：「聽說你愛讀書，是嗎？那麼，你經常喜歡看哪類書？比如是《聖徒傳》還是《聖經》？」

高爾基答道：「兩本書我都讀過。」

尼基弗勒奇對此十分驚訝，他接著又說：「讀這些書很好，是合法的。我想托爾斯泰伯爵的作品你也讀吧？」

高爾基沒有立即回答，只是抬頭看了看他，然後說：「托爾斯泰伯爵的著作和其他作家的作品沒什麼兩樣。不過，聽人說他曾寫過幾本大逆不道的書，居然敢反抗神父。」

尼基弗勒奇沒有想到高爾基對他的提問居然對答如流，使他找不到一點異常的痕跡。在臨別的時候，他邀請高爾基說：「在有空的時候，到我的小派出所來坐坐，喝杯茶！」

高爾基當然知道這個老警察邀請自己是出於什麼目的，但他還是願意到派出所去看看。因為如果謝絕，就等於不打自招，會加深警察對麵包作坊的懷疑。

於是，高爾基走進了尼基弗勒奇的派出所。

這是一個很小的房間，小屋 1/3 的空間被俄式爐子占據；還有 1/3 的地方擺著一張掛著印花床簾的雙人床，床上堆著數個枕頭，都套著大紅斜紋布套；餘下的空間裡放了一個碗櫃、一張桌子、兩把椅子，窗前還有一條長凳。

老警察尼基弗勒奇解開制服上的鈕扣正坐在對著桌子的椅子上，小屋唯一的窗口被他的身體遮得嚴嚴實實。

高爾基坐在桌子對面的長凳上。尼基弗勒奇的妻子坐在一張雙人床上，無所事事地看著他們。

尼基弗勒奇對高爾基說：「我說，你一定認識古利·普列特涅夫吧？他是個挺有意思的人。」

高爾基聽出老警察是在試探他，他只好回答說：「是的，我們是熟人。」

「你們早就認識？」尼基弗勒奇好像很失望，他的身子突然一動，胸前的獎章叮噹亂響。

高爾基的內心有些憂慮，因為他知道自己的朋友普列特涅夫正在做著印傳單的祕密工作。

老警察眉頭緊皺地看了看高爾基，開始了他的生動說教：「你知道嗎？我們有一條看不見的線，跟蜘蛛網一樣，以沙皇陛下亞歷山大三世等人為中心，透過各部大臣，再從省長大人、各級官吏一直到我，甚至到下等士兵。這條線無所不通，無所不包，它像無形的堡壘維持著沙皇千秋萬代的統治。可是，那些被詭計多端的英國女王收買的波蘭人、猶太人和俄羅斯人，卻千方百計地

要破壞這條線，彷彿他們是在為人民謀利！」

高爾基知道，這是特務們的告密線。

尼基弗勒奇把身子從桌上彎過來，用恐嚇的低沉語調問高爾基：

「明白嗎，我為什麼要對你說這些呢？你的麵包師父對你很是讚賞，據他說，你是獨身一人，很聰明，也很規矩。但大學生們常往麵包坊裡跑，整晚待在捷林柯夫的房間裡。如果是單獨一個學生去，那是可以理解的，可是總有很多學生成群結隊往那跑就不對勁了。我可不敢說大學生什麼，他們今天是個普通大學生，明天就可能當上檢察官。大學生們是好人，就是太多事，再加上沙皇的政敵私下鼓動他們，你明白了嗎？我還有話跟你說……」

他的話還沒有說完，他家的房門被一個紅鼻子小老頭打開了。老頭的捲髮用小皮條束著，手中提著瓶伏特加，可能喝醉了。

小老頭看上去是個很有趣味兒的人，他藉著酒勁兒興致勃勃地說：「咱們殺盤棋吧？」

老警察沮喪地向高爾基介紹：「這是我的岳父。」

幾分鐘後，老警察結束了和高爾基的談話，警察的妻子親自送高爾基出門。

在回麵包作坊的路上，高爾基暗暗嘆服老警察對俄國國情精闢入裡的分析。他懷疑麵包店裡的情況是那位麵包師傅伊凡・柯茲米奇・布托寧對老警察講的，高爾基想：難道他也是「蜘蛛網」中的一條線？

麵包作坊夥計

　　當晚，關了店門，高爾基被叫到老闆妹妹瑪麗亞的房間裡，她一本正經地告訴他：自己是奉命來了解高爾基和警察的會談情況。

　　高爾基一五一十地向她講述了整個過程和自己的想法。從那以後，捷林柯夫決定讓大學生們少到麵包店來，麵包師傅也被解僱了。

陷入精神危機

　　1887 年秋，高爾基的生活越來越困難了。捷林柯夫的麵包店經營情況越來越差，因為新來的麵包師傅是個退伍兵，手藝不怎麼好，再加上麵包店和老警察尼基弗勒奇的派出所只有一牆之隔，那些飛揚跋扈的警察經常翻牆而過，為他們的上司「買」麵包或為自己「買」麵包。

　　高爾基的老闆安德烈・捷林柯夫的家庭也遭遇了不幸，父親因為怕死後進地獄，得了精神憂鬱症；妹妹變得冷若冰霜；小弟整日喝酒不做事。捷林柯夫苦心孤詣地想做一件有意義的事，可是太艱難了。

　　不久，高爾基的好友古利・普列特涅夫被捕了。

　　那是一個早晨，他們在街上相遇，尼基弗勒奇還是一副老樣子，胸前掛滿獎章，莊嚴的神情就像剛剛走出閱兵場。他見了高爾基先敬個禮就走了。沒走幾步，他停下來衝高爾基吼道：「昨晚古利・普列特涅夫被抓了。」他揮揮手，轉過頭小聲說：「他完了，被押送到彼得堡關進了『克列斯特』監獄。」

　　高爾基看見這老警察狡詐的眼睛裡好像閃動著淚花。他快速地思索了一下普列特涅夫這些天有什麼異常舉動。

　　普列特涅夫似乎早就知道自己會有這麼一天，他還讓高爾基最近不要去找他，他處處都為高爾基著想。

陷入精神危機

尼基弗勒奇告訴高爾基說：「是這麼回事，逮捕他，是因為在他那裡搜到了一口熬顏料的鍋。你知道，他是打算印革命傳單用的。」接著，尼基弗勒奇又開始「教導」起高爾基來：「唉！你讀過很多書，《新約》四福音書沒讀過吧！你覺得它寫得對嗎？聽我說，那上面有好多廢話。比如，書上寫的窮人幸福，簡直是胡說八道，窮人怎麼會幸福呢？福音書宣揚憐憫窮人，我覺得花那麼大的人力、物力去幫助窮人或殘廢人真是浪費！窮人、殘疾人並不因幫助就富足或健康起來，倒是反而把別人拖垮了。福音書和我們的現實生活相去甚遠，生活有它自己的軌道。普列特涅夫為什麼會死？他就是死於憐憫，因為憐憫窮人和受苦受難的人們，而葬送了大學生的性命。」

從這個老警察嘴裡聽到這樣的話，真是讓高爾基吃驚不已。以前他也聽到過類似的想法，但卻從來沒有尼基弗勒奇講得這麼鮮明生動。接著，他又似乎是在為高爾基指出一條「光明大道」，他說：「年輕人，你這麼聰明，識文斷字，怎麼一定要做麵包師呢？如果你肯為沙皇效力，你可以賺很多錢。」

高爾基表面是在聽他講話，心裡卻在思索怎樣把信件傳遞給瑪魯索夫加貧民窟的人們，告訴他們的危險處境。因為他知道那裡住著一個剛剛從雅布托羅夫斯克流放回來的人，他叫色爾蓋伊·梭莫夫。

日子一天天過去了，這段時間高爾基在麵包店附近的克列斯托夫尼科夫工廠和阿拉夫佐夫工廠的工人中間結交了一些朋友，聽他們述說他們的疾苦。

他和尼基塔‧魯伯佐夫交上了朋友。後來在一次工人和水手的衝突中，魯伯佐夫為了掩護高爾基逃脫被捕了，他被帶到警察局，最後死在了監獄裡。

看著朋友們一個個離他而去，高爾基陷入了極度的悲哀和痛苦之中。剛在這時，高爾基又收到了外祖母去世的消息，這更使他的心情雪上加霜。

為了分散注意力，高爾基開始學拉提琴。他對音樂極為偏愛，因而學起來十分狂熱，可是偏偏不該發生的事情發生了。

有一天晚上，高爾基在戲院任職的提琴老師趁他出門的時候，私自打開了高爾基沒上鎖的錢匣。當錢裝滿老師口袋的時候，高爾基回來了。老師把脖子一伸，將自己刮得發青的臉伸過來，對高爾基說：「唉，你打我吧！」他的雙唇不住顫抖，兩行淚水從淺色的眼睛裡奪眶而出，淚珠很大很大。

高爾基真想揍這個老師一頓，他不知道一個老師怎麼會做出這等卑鄙的事來。他強壓怒火，握緊的拳頭放在屁股底下，命令老師把錢放回原處。

老師把口袋裡的錢都掏空了放在高爾基的桌上，走到門口，他突然回過頭來對高爾基說：「請給我 10 個盧布，可以嗎？」

高爾基給了他錢，學小提琴的事就這麼結束了。

眼前發生的一件件事，讓高爾基灰心喪氣，他覺得人生太沒有意思了。這一年的 12 月分，高爾基下了自殺的決心。為了說明他自殺的原因，他專門寫了一篇叫做《馬卡生活事變》的文章。他在遺書裡寫道：

陷入精神危機

我請求解剖我的身體，查看一下是什麼樣的魔鬼鑽進了我的肉
體。證件可以證明我的名字是阿列克賽‧馬克西莫維奇‧佩什科
夫。我的死與他人無關。

12 月 12 日，高爾基去市場小販手裡買了一支舊手槍，當天
晚上 8 點，他來到了窩瓦河邊對著自己的胸膛開了一槍。

從事革命工作

高爾基的手槍沒有打中自己的心臟，而是只射穿了肺葉。他立即被送進醫院，過了一個月就好了。

1887年3月的一天，高爾基在捷林柯夫的麵包作坊裡見到了一個熟悉的人：革命家霍霍爾。

和從前一樣，霍霍爾還是哥薩克人的打扮：金黃色的耀眼的長鬍子飄垂在寬闊的胸前，任性固執的腦門下留著齊齊的短髮，腳下那雙農民靴子發出難聞的臭膠皮味。

霍霍爾邀請高爾基來到了一家小酒館。高爾基把自己的苦悶毫無保留地告訴了這位久別重逢的朋友。

聽完高爾基的話，霍霍爾建議說：「我說，佩什科夫先生，你想不想到我那裡去？我現在住克拉斯諾維多渥村，順窩瓦河去大約45英里。我開了一間小雜貨店，你可以幫我賣賣貨。放心，你有足夠的時間看我的好書，好嗎？」

高爾基愉快地答應：「好吧！那我試試！」

霍霍爾說：「真爽快。那麼請你週五早上6點到庫爾巴拖夫碼頭，問從我們村來的船，船家是瓦西里‧潘可夫。其實用不著你擔心，我會在那裡等候你的。再見。」

霍霍爾迅速結束了他們的談話，他站起來一邊伸出大手和高爾基告別，一邊取出他那塊笨拙的銀錶說：「我們只談了6分鐘。對了，我的真名叫米哈依‧安東羅夫‧羅馬斯。」

他說完邁開大步，甩著膀子，頭也不回地走了。

兩天之後，高爾基去赴約。

一大早，高爾基就來到了庫爾巴拖夫碼頭，上了船。

那時，窩瓦河剛剛解凍，混濁的河面上飄著數不清的的冰塊。他們的船乘風而行，船上載著許多貨物：木桶、袋子、箱子。浪花隨風旋舞，玻璃似的冰塊反射著太陽的光芒，輪船穿行在這些冰塊間，冰塊被撞得四分五裂。

船家瓦西里‧潘可夫是個喜歡打扮的年輕農民，他的羊皮上衣上繡著美麗的花紋。他看上去挺平和，只是眼神有點冷漠，不愛說話，又不太像農民。他的助手庫爾什金倒是個真正的農民。

庫爾什金衣冠不整，頭如飛篷，頭頂破神父帽，身穿破大衣，腰裡繫一根繩子。他的撐船技藝顯然並不高明，只見他一邊用長篙撥著冰塊，一邊咒罵：「去一邊去，往旁邊滾！」

高爾基和羅馬斯並肩坐在箱子上，他低聲說：「農民都痛恨我，特別是富農。我恐怕會連累你的。」

庫爾什金放下長篙，扭過那張受過傷的臉說：「你說的沒錯，他們最恨你。神父也最煩你。」

潘可夫也在一旁說：「的確如此。」

此時的高爾基還並不能完全明白他們說話的意思，他只是有些感謝羅馬斯沒有對自己自殺的事感到好奇。他覺得，自殺是令他最丟臉的一件事。

中午，眼前出現了一座美麗的村莊，這就是克拉斯諾維多渥村，高爾基他們的目的地。

這個村莊的制高點是建在高山上的一座藍色圓頂教堂，從教堂往下是連綿不斷的一幢幢造型別緻、又十分牢固的小木屋。房頂上的黃色木板或如花似錦的草叢在陽光下熠熠生光，一派田園風光。

船靠岸後，一個瘦高個子農民從山上走來，他長著一頭帽盔似的紅髮，像是從畫中走出一樣。

在無數條銀光閃閃的溪水間，他踏著鬆軟的土地，闊步而行。

船停下來後，他大聲喊道：「歡迎你們！」他四處張望，撿起兩根木棍，讓木棍的一頭搭在船舷上，然後一躍身上了船。

這位農民面容端正，高鼻梁，海藍色的雙眸，儼然一個「美男子」。羅馬斯親切地稱他為「伊佐爾特」。

不一會兒又來了一輛馬車，大家七手八腳把羅馬斯從城裡買來的貨物搬了上去。

跟著馬車，高爾基和羅馬斯走進一個木柵欄的小院。別的人都去卸貨。羅馬斯陪高爾基走進了一間潔淨、溫馨的新木屋，這裡還散發著木屑的香味。羅馬斯從隨身攜帶的箱子裡取出了幾本書，放到壁爐旁的書架上。

一個長得眉目清秀的女廚師，正在準備飯菜。

羅馬斯對高爾基說：「你住閣樓上。」

高爾基登上閣樓，從這裡他可以看到克拉斯諾維多渥村的半個村莊。

不一會，高爾基被喊下閣樓吃飯，「美男子」伊佐爾特正坐在桌邊和羅馬斯講話。高爾基一出現，他立刻停下話來。

從事革命工作

羅馬斯眉頭一皺，說：「伊佐爾特，你怎麼想？繼續說！」

伊佐爾特這才開口：「就這樣吧！我們必須提高警惕，你出門得帶槍，至少也得帶根木棒。唔！當著巴里諾夫的面說話留個心眼，他和庫爾什金一樣，嘴巴永遠關不住。」

羅馬斯又談起，必須把小果園主團結起來，讓他們擺脫收購商的操縱。

伊佐爾特仔細聽了羅馬斯的談話後說道：「只怕村裡的富農土豪們不會讓我們過安生日子。」

羅馬斯用鼻子大出一口氣，說：「哼！走著瞧吧！」

聽了他們的討論，高爾基隱約感到：從現在起，他要正式開始從事革命工作了，而且抗爭十分激烈。

飯後，伊佐爾特又囑咐羅馬斯：「別太心急，好事多磨，得慢慢來！」

伊佐爾特走後，羅馬斯對高爾基說：「他這人聰明、勤勞、可靠，可惜不怎麼識字，上進心倒是滿強的。你要多幫助他。」

晚上，羅馬斯開始向高爾基交代各種貨物的價格，他向高爾基說：「我們的貨，價格比另外兩間店低，這就惹惱了他們，最近他們揚言要教訓我一頓。我來這不是為了舒服或賺錢，而是另有所求，就跟你們在城裡開麵包店的意思差不多。」

高爾基點點頭說：「嗯！我已經猜到了。」

羅馬斯繼續說：「民眾太需要獲得知識了，你說呢？你很有天賦，意志堅強，對未來滿懷憧憬，你要去為他們工作。讓農民覺醒是首要問題，人民不能只是愛。愛意味著寬容，對小孩可以

這樣，對人民則不行，莫非我們對他們的混沌觀念可以寬容嗎？你們城裡人都喜歡讀俄國革命民主主義者涅克拉索夫的詩，我說單靠一個涅克拉索夫是不夠的。

「我們應該去做農民的工作，對他們說：『農民弟兄們，你們這麼好的人，卻過著多麼悲慘的生活，你們甚至不如牲畜會照料自己、會保護自己。為什麼不努力改變現狀，讓生活變得更加美好、更加愉快呢？農民並不意味著一無所能，那些貴族、神父，甚至沙皇，追根溯源，都是農民出身。你們知道該怎樣做了吧？好了，熱愛生活吧！誰也不能來糟蹋你們的生活』。」

他讓高爾基看他的藏書，那些書幾乎全是科學類的：有英國歷史學家巴克爾、英國地質學家萊爾、愛爾蘭政論家哈特波爾‧勒啟、英國自然科學家拉布克、英國社會學家泰羅、英國哲學家史賓賽、英國生物學家達爾文等人的著作，還有俄國的皮薩洛夫‧杜勃羅留波夫、車爾尼雪夫斯基、普希金、岡察洛夫和涅克拉索夫等人的作品。

他用寬寬的手掌撫摸著他心愛的書，憐惜地小聲低語：「這全是好書。這兩本尤其珍貴，是禁書。你可以看看，從書中你可以了解到什麼是國家。」

羅馬斯把一本英國主張君主專制政體的政治思想家霍布斯的《巨靈》和義大利主張君主專制的政治活動家馬基維利的《君主論》遞給高爾基。

之後，羅馬斯又把自己的身世告訴給高爾基。原來，他出生在切爾尼戈夫省的一個鐵匠家庭，曾在基輔車站當列車加油工，

在那裡結識了一些革命者。他因組織工人自學小組而被捕，被判入獄 4 年，後來又被充軍發配到薩哈，過了 10 年的流放生活。

這一夜，羅馬斯和高爾基談了很久很久，高爾基第一次深深感覺到了如此真誠熱烈的友情。自從自殺事件以後，他就變得非常自卑，覺得自己十分渺小，像是對人們犯了罪過，沒有臉再活下去。而羅馬斯仁慈而率直地把自己的生活向他敞開，令高爾基非常感動。他認為，在自己的生命中，這天是個非常值得紀念的日子！

星期日，雜貨店一開門，做完彌撒的農民們陸續來聚會了。第一個登門的是馬特維・巴里諾夫，這人全身髒兮兮的，蓬頭垢面，兩條長手臂像猿猴一樣垂著，眼睛卻生得很俊氣，目光顯得悠閒自得。

他打過招呼後，問了一句：「城裡有什麼消息？」然後就掀動嘴巴，說什麼省長去朝拜沙皇，他還誇讚省長說：「這個官，真是八面玲瓏。」

羅馬斯心平氣和地責怪他說：「我敢說，你說的沒一句實話。」

第二個走進店裡的是一個穿著別人的破舊哥薩克式外衣的矮瘦老頭。他一面說著，一面還脫帽向羅馬斯致意：「您好！羅馬斯！」

下面出場的是一個神情嚴肅、落腮鬍子的蘇斯羅夫和漁民伊佐爾特，以及羅馬斯的房東、那個船家潘可夫。

不多時，小店裡已經聚集了十多個人。羅馬斯低頭抽著菸聽農民們聊天。

坐在臺階上的蘇斯羅夫說：「羅馬斯！老百姓根本沒法活了。以前給地主們工作，沒有一點空閒時間，現在⋯⋯」

伊佐爾特搶過話說：「你是說現在還不如以前，對吧？我看你最好送上一份請願書，要求復辟農奴制得了！」

羅馬斯看了他一眼，並沒吱聲，把菸斗在臺階欄杆上磕了磕。

農民們的爭論漸漸平息了，大家都有些鬱鬱寡歡。高爾基的情緒也隨之低沉，高爾基又懷念起那些健談的大學生們和工人們。高爾基奇怪為什麼羅馬斯只是專注地聽農民們閒談，而自己故意放棄發言的機會。

晚上喫茶時，高爾基把自己的疑問提出來，並問羅馬斯打算什麼時候和農民們談話。

羅馬斯認真聽了高爾基的提問，說：「談什麼？」他慢吞吞地裝好菸斗，一邊拍著菸，一邊說：「你要知道，佩什科夫，如果我在這種場合和他們談，準是又要被流放到亞庫特⋯⋯」

他點燃菸，屋內隨即陷入了一片煙霧的籠罩之中。他開始分析農民的處境和他們的心態：「農民膽小怕事，他們誰都怕，怕自己，怕鄰里，最怕外地人。俄國農奴制才廢除 27 年。凡是 40 歲以上的農民一出生就是奴隸身分，他們銘記著奴隸生活，但對自由卻一無所知。現在你簡略地對他說，自由就是按自己的想法活著，可是他們會說，地方官員時時刻刻在干預我們的生活，我們怎麼能按自己的心願生活呢？沙皇把他們從地主手中解脫出來，自然他們的唯一主人就是沙皇。

從事革命工作

「自由是什麼東西。沙皇會頒布聖旨解釋的。老百姓們信仰沙皇，他們打心眼裡認為沙皇是全國土地和財富的佔有者。他們甚至認為沙皇既然可以把他們從地主那解放，就可以從商人手中奪回商店和輪船。

「他們骨子裡是擁戴沙皇的，他們否定所有地方長官，唯獨肯定沙皇。我們要做的就是喚醒老百姓，用知識驅趕他們的愚昧，讓他們認識到必順從沙皇手中奪取政權，告訴他們選舉長官應該從民眾中產生，這長官包括縣警察局長、省長和沙皇。」

高爾基打斷了他的話，嘆了一口氣說：「啊！這太漫長了。」

羅馬斯很嚴肅地說：「難道你認為革命會一下子就能成功嗎？」

高爾基陷入了沉思。

接觸鄉村農民

　　漸漸地，高爾基開始喜歡這裡的生活了。羅馬斯每天都會帶來新消息，他在這裡可以安心地讀書，羅馬斯時常加以指點，他進步得很快。

　　伊佐爾特每星期三晚上都到高爾基這來。高爾基教他識字。開始他對高爾基還抱以輕蔑的態度，幾個星期後他就有所轉變。有一次，他從書架上隨便抽出一本書，不很熟練地念了兩三行，他興奮地對高爾基說：「我能讀書了，佩什科夫。你真厲害，我覺得，你就算當個正式老師也沒問題！」

　　伊佐爾特有著鄉村漁民的特點：純潔浪漫，熱愛生活。他是個孤兒，沒有土地，以捕魚為生。他對鄉村裡的土豪極端仇視。他對庫爾什金評價也很高，認為庫爾什金是熱心腸的大好人！

　　晚上常來雜貨店的是伊佐爾特、庫爾什金和潘可夫，他們一坐就是半夜時分才散去。他們聽羅馬斯講國際形勢，講異域人的生活狀況以及其他國家人民的革命運動。

　　潘可夫最喜歡法國大革命，他憧憬地說：「這才是天翻地覆徹底改變原有生活的壯舉呢！」

　　潘可夫是富農的兒子，他為人和善，對待雇工庫爾什金沒有主人的居高臨下的態度。他因為「自由戀愛」和父親鬧翻了，獨立門戶，和家庭決裂了。

接觸鄉村農民

他把自己的房子租給羅馬斯，還為羅馬斯建了一個雜貨店，這引起了村裡富農們的仇視。但他表面對此不屑一顧，只有說起富農時，才動點聲色，對富農除了譏諷還是譏諷。

潘可夫十分厭倦這裡的生活，他說：「如果我有一技之長，早就離開這裡去城市住了。」

到小店裡來的還有一些行動詭祕的不速之客。羅馬斯把他們帶上高爾基的閣樓，一談就是幾個小時。

高爾基很喜歡這些朋友，常常跟他們交談。他的生活由此也變得充實起來，高爾基漸漸拋開了自殺給自己心理上帶來的陰影，感到日子變得美好起來。

第二年春天，羅馬斯依靠潘可夫、蘇斯羅夫和其他部分農民，辦成了一個專門銷售蘋果的蔬果產銷班。這個產銷班直接把這裡農民種植的蘋果銷售到城市裡去，而且產銷班開出的價格比本地富農們開出的價格要高。

這件事改變了許多農民對羅馬斯的態度。但羅馬斯在農村的活動卻引起了村長和富農們的敵視，他們決定炸毀羅馬斯的小店。一天夜裡，一群人手持武器襲擊了羅馬斯的雜貨店，他們兩次向羅馬斯開槍射擊。因為羅馬斯等人早有準備，富農們的行動最後以失敗告終。

對富農們的敵對態度，羅馬斯沒有畏懼，他對高爾基說：「一旦發起革命，就不能害怕任何困難。你要記住，最根本的是要去做。」

這年 7 月中旬，伊佐爾特突然失蹤了，傳說是落水淹死了。兩天以後，孩子們在河邊洗澡時，在一隻擱淺的破船下發現了伊

佐爾特的屍體。船的一端已被沖上了岸，伊佐爾特就掛在船尾下的舵板上。他臉朝下，腦漿被水沖走了，能夠看出他是被人從後面砍死的。

這時，羅馬斯恰好去喀山進貨了，高爾基和女廚師獨自看守著雜貨店。他們去河邊看到了伊佐爾特屍體，感覺很難過。

又過了兩天，羅馬斯從喀山返回店裡。他看上去很高興。

高爾基開口便說：「伊佐爾特被害死了。」

「你說什麼？」聽到這個意外消息的羅馬斯臉都變形了，他的鬍鬚不住地顫抖。他沉默地低頭想了一下，說：「他們竟下這樣的毒手。」羅馬斯的內心充滿著憂傷和憤怒！

1888 年 8 月，在收摘蘋果前的一個早晨，羅馬斯和高爾基還在夢鄉中，雜貨店被人放火點著了。

一時間，板棚上火焰滾滾，他趕忙去救書箱，這時火勢已將書箱吞沒。不得已，他裹上一件羊皮外套，從樓窗跳了下去。

大火順風蔓延，導致了 11 家農戶的茅舍被毀。村民們奔走號叫著，為自家的資財憂慮。水源太遠了，在窩瓦河裡。人們開始砍一家剛燃著的籬笆的支柱，剛剛逃命後的羅馬斯、高爾基他們爬到籬笆上去，拔起支柱，然後一起把籬笆拖到街上去。火漸漸地熄滅了。

羅馬斯他們的房子全被燒光了，只剩下了山溝裡的浴室。當他們躺下來休息的時候，意想不到的事情發生了。

富農們栽贓說這場火災是羅馬斯引起的，被矇蔽的農民圍住羅馬斯要打他。鎮定自若的羅馬斯，平靜地叼著菸斗，一邊吐著煙，一邊對憤怒的農夫們進行勸說。農夫們最後終於搞清了事情

的真相，但由於怕村長加害他們，只得忍氣吞聲，不了了之。

　　經過這件事後，羅馬斯離開了克拉斯諾維多渥村，潘可夫帶著庫爾什金繼續開雜貨店。高爾基心情異常沉重，他和巴里諾夫一起靠打工在這小村生活了一段時間後，終於在一個風雨之夜也離開了這個美麗的村莊。

　　高爾基在喀山住了4年。雖然他沒能進喀山大學，但當他離開喀山時，無論在學識、思想、社會經驗各方面都有了巨大的進步。

火車站員生活

1888 年秋天，高爾基離開喀山時，已經 20 歲了，他長成了一個體格魁梧、身材高大的青年。

他又開始了流浪的生活。像其它城市一樣，察里津也是沙皇政府放逐政治犯的地方。高爾基在這裡認識了一個被流放到這裡的民粹黨人。這位民粹黨人很同情高爾基的遭遇，他幫高爾基在城外一個冷落的杜布林卡小火車站找了一份守夜的工作。

高爾基的職責是看管麵粉和其他食品，以防止賊人的偷盜。每天夜裡，從黃昏 6 點至第二天清晨 6 點，高爾基都要手持木棒，在那貨車車棚四周巡邏。

一天，高爾基突然發現從貨車的車門裡跳出一個人來，他正要舉棒打下，這人開口說：「佩什科夫先生，是我。」

「你是誰？」高爾基驚奇地發現他就是站長。

原來，這家小火車站的站長常做些監守自盜的事情。站長把他偷的東西賣了，然後揮霍贓款。有一次他為了堵住高爾基的嘴，還強迫高爾基參加他用贓款舉辦的酒會。站長家的女廚師和他的主人一樣蠻橫，她常常在高爾基值完了一整夜的班之後，讓高爾基做些如掃院子、燒爐子、清馬廄等額外的工作。

終於，忍無可忍的高爾基給杜布林卡車站的上級單位阿達杜洛夫鐵路管理局寫了份文筆犀利的控訴書。

火車站員生活

　　不過，鐵路管理局根本就無暇顧及一個守夜人的控告。高爾基不甘心，他心血來潮，把上訴書寫成一首詩。鐵路局的職員們讀了這不同尋常的狀子，把高爾基調到博里索格列勃斯克的貨車站去當看守員。

　　在這個貨站服務的有不少是受過高等學府教育的人，他們中間有幾個被當局認為是政治上的「不穩定分子」—— 即曾坐過牢或曾被流放的人。不久，高爾基和他們當中有一個叫巴任諾夫的成了好朋友。巴任諾夫介紹高爾基讀海涅和莎士比亞的作品。高爾基感覺自己周圍的現實生活和自己的理想生活有很大的差距，又重新陷入到徬徨和孤獨當中。

　　不久，高爾基被調到了克魯泰亞車站，充當過磅的計數員。在這裡，他親自組織了一個「自學小組」。參加這個「自學小組」的，除了高爾基之外，還有克魯泰亞車站的報務員、農民出身的技工尤林、穆茲基·雅羅斯拉夫采夫和鉗工維林、排字工兼裝釘工拉赫麥特卡。

　　這個小組的成員是和睦而民主的，這與喀山的知識分子小組迥然不同，他們擺脫了民粹派教條的束縛。

　　高爾基幻想建立一個農業移民區，在那裡他可以與朋友們過獨立的生活，自己耕地、播種，用自己的雙手去收穫莊稼。他想到了由信徒和友人弗·契爾特科夫等創辦「媒介」出版社的作家托爾斯泰。托爾斯泰在那幾年曾經鼓勵建立農業移民區。於是，高爾基給托爾斯泰寫了一封信，要求托爾斯泰分給他一塊地。信裡寫道：

據說，您有許多沒有耕種的土地。我們請求您把這樣的土地分給我們一塊。

下諾夫戈羅德市民阿列克賽·馬克西莫維奇·佩什科夫

代表大家謹上

但是，這封信發出去之後，一直沒見回音。顯然，托爾斯泰不可能僅憑一封這樣簡單的書信，就把一片土地無償地贈給幾位不知底細的年輕人。高爾基打算親自會見托爾斯泰，說服這位德高望重的名人給自己以幫助。

1889 年春天，21 歲的高爾基到了服兵役的年齡，他打算離開克魯泰亞回到自己的家鄉。他規劃了經過圖拉和莫斯科，最後到達雅斯納雅波良納和哈摩夫尼克的行程。他想要到雅斯納雅波良納和哈摩夫尼克等地去面見托爾斯泰。

他把自己這些年寫著詩的筆記本和一篇他認為「絕妙的散文長詩」〈老橡樹之歌〉，塞進了背包，離開了車站，帶著希望步行去見托爾斯泰。

可行進千里，高爾基在兩個目的地都沒能見到托爾斯泰。他在自己的日記裡記下了這次失敗的旅行：

列夫·托爾斯泰的妻子索菲婭·安德烈耶芙娜告訴我，他到特羅伊樂、謝爾基耶夫斯卡雅修道院去了。我是在那間滿滿地堆著一捆一捆書的雜物房門前的院子裡遇見她的，她把我帶到廚房去，親切地請我喝了一杯咖啡，吃了一塊小麵包。她在談話中對我講起，這裡總有很多「來歷不明的遊手好閒的人」來麻煩列夫·托爾斯泰，而且在俄國，遊手好閒的人總是非常之多。

火車站員生活

　　很顯然，托爾斯泰的妻子也把高爾基當成了「來歷不明的遊手好閒的人」了。

　　這次經歷後，高爾基放棄了建立農業移民區的打算。他在莫斯科貨運站結識了一位拉牲口的貨車車廂押運員。在押運員的幫助下，高爾基終於回到了自己的故鄉下諾夫戈羅德。

拜訪柯羅連科

　　高爾基回到下諾夫戈羅德，但此時他在這裡已經沒有家了，他的外祖父和外祖母都先後去世，他和他的舅舅、表哥表姐們一直也沒有什麼交情。

　　投靠無門，高爾基只好前往當地的軍隊服役部門報名當兵。

　　高爾基沒有被軍隊接受，醫生檢查出他的肺部有些小洞。他只得自己找工作。

　　此時的下諾夫戈羅德是政治犯，被押往西伯利亞流放地的中轉站。在這裡曾經住過一批被稱為「政治移民」的政治家。1887年，俄羅斯掀起大學風潮，很多大學生因為參與反政府示威活動而被當局驅逐出喀山，來到了這裡。

　　高爾基跟一位叫索莫夫的學生住在一起，這位學生是他在喀山認識的老朋友。

　　高爾基當了一家燒酒作坊不熟練的工人，任務之一是給顧客們送酒。

　　高爾基這身奇怪的工作服常常引起路人們的關注，不久，當地穿藍色軍褲的警官也開始注意他。警察注意他是因為他早在喀山時就曾被警察當局通報過；另一方面，與他住在一起的索莫夫也是大學風潮中的「危險人物」。

　　這年10月，警察在喀山發現了一個印刷馬克思主義文件的地下工廠，高爾基的同伴索莫夫受到牽連。12日這一天，彼得堡

拜訪柯羅連科

來了一條逮捕索莫夫的命令，下諾夫戈羅德警察局出動警力對索莫夫的住所進行了搜查。

索莫夫這天不在家，憲兵在大搜查時搜到了一本高爾基寫滿詩稿的本子。這時，高爾基剛好下班回來，憲兵抓住了他的脖領子，問道：「你就是阿列克賽·馬克西莫維奇·佩什科夫？」

高爾基不慌不忙地回答：「是的。有什麼問題嗎？」

憲兵兇殘地說：「我們懷疑你與索莫夫一起參加了喀山的反革命活動，麻煩你跟我們走一趟。」

高爾基把頭一仰，不服氣地說：「你們這是誣陷！」

由於高爾基的強硬反抗，最後被憲兵送進了下諾夫戈羅德監獄。

幾天後，喀山那邊破獲了以佛陀歇夫為首的「反革命」小組案，下諾夫戈羅德警察局極力想把被捕的高爾基拉進喀山的案件，但因為沒有足夠的證據而不得不把他放掉。

在釋放前，一個憲兵隊長對高爾基說：「你喜歡寫作是不是？不過，只要你不參加反革命，不寫那些有悖沙皇的東西，你寫什麼都無所謂。嗯！如果我把你放了，你可以拿你的東西找柯羅連科看看。他可是個正派的作家，不比屠格涅夫差。」

高爾基很快就出獄了，他在律師事務所又重新找到了一個文書的工作。他的老闆是律師拉寧，這是一個學識淵博、品性高尚的人，高爾基稱他為自己的第二位老師。

這個階段，高爾基的創作慾望更加強烈。在冬天來臨的時候，他想起了警察局憲兵隊長的話，於是決定去拜訪大作家柯羅連科。

12 月的一天，拉寧律師給高爾基放了一天假，高爾基帶著自己的詩〈老橡樹之歌〉去市郊區柯羅連科的小木屋。

高爾基來到柯羅連科的門口，看見臺階前有一個身材不高的人正在鏟雪，他問高爾基：「你找誰？」

高爾基回答說：「請問大作家柯羅連科先生是住在這裡嗎？」

鏟雪人說：「我就是。」

高爾基把自己的來意告訴給柯羅連科，柯羅連科邀請他到屋裡詳談。

柯羅連科住的房間不大，房間裡擺滿了家具：兩張書桌，4個書櫥，3 把椅子。

柯羅連科請高爾基在一把椅子上坐下來，高爾基把稿子交給了他。

柯羅連科一頁一頁認真地翻看著，他一會把手稿放在雙膝上，斜著眼看，一會又看一眼高爾基。之後，他對高爾基說：「你的字寫得很怪，看起來好像簡單明白。可是讀起來卻很困難。你在這裡寫了『齊格加格』，這一定是筆誤。因為俄語中並沒有這個詞，實際上應該寫『齊格扎格』。」

高爾基在一旁聽到這些話，一時間覺得很窘。

翻了幾頁稿子以後，他又說：「只有在絕對必須的時候才可以使用外國字，平時最好不使用它們。我們俄羅斯的語言是非常豐富的，完全可以表達最細緻的感情和差別極細微的思想。」

高爾基覺得他的話好像是隨便說出來的，而且帶著粗野的重音，他覺得很難受。

拜訪柯羅連科

　　為了緩和氣氛，柯羅連科微笑著說：「你常常用粗魯的字眼，也許是你認為這些字更有力量吧？不過，有時候事情也是相反的！」

　　高爾基解釋說，自己一是沒有時間仔細地推敲；二是因為自己也沒有一個適合寫作的環境去從容地寫作。

　　柯羅連科目光溫和地看了高爾基一眼，不再說什麼。當他看到詩裡出現「我到世界上來是要表示抗議。有一回是這樣的」一段文字時，他親切地說：「『有一回是這樣的』不對！這種說法笨拙，不漂亮。」

　　當柯羅連科看到詩裡寫到一個人「像老鷹一樣地坐在一座廟宇的廢墟上」時，他含笑地指出：「這樣坐不合適，地方不看看，既不莊嚴，也不體面。」

　　柯羅連科一個接一個地指出作品的筆誤，使得高爾基感到非常狼狽，他的臉一下子變得像燒紅了的炭一樣。

　　柯羅連科注意到了高爾基的情緒變化，為了鼓勵對方，他又以著名學者所犯的常識性錯誤為例，講起了俄國大作家格列勃‧烏斯賓斯基書中一些語法、句法的錯誤。

　　兩個星期後，柯羅連科託人把初稿還給高爾基，來人對高爾基說：「柯羅連科先生覺得他把你嚇倒了。他說你有才能，不過應該根據現實寫作，不要去發揮哲理。他還說你有幽默感，雖然帶一點粗野，不過這是好的。談到你的詩，他說像是夢話。」

　　高爾基從來人手裡接過手稿，一看上面用鉛筆寫了好幾行字，內容如下：

根據這首〈老橡樹之歌〉很難判斷你的才能，不過我覺得你是有
才能的。你不妨寫一篇你親身經歷過的事情，寫好給我看看。我
不會詩評，你的詩我不懂，不過有幾行有力而且生動。

柯羅連科

　　柯羅連科親切而又嚴格的態度使高爾基深受感動，但他沒能
理解柯羅連科的話，他不理解所謂寫「自己親身經歷過的事情」
究竟是什麼意思。他認為，在詩裡所寫的一切，哪件不是自己親
身經歷的呢？他有些傷心，覺得當一個作家並不是一件容易的
事。他把自己的詩稿撕碎，扔進了爐子裡。他決定不再寫詩和散
文了。

初露文學才華

　　高爾基在下諾夫戈羅德又住了兩年。在這段時間中，他廣泛地結識了各學習小組的青年和「政治家」。

　　在他們中間，當聽他們枯燥而費解的演說時，高爾基覺得自己「就像一隻黃雀待在一窩聰明的烏鴉中間一樣」。他透過自己的親身感受，發現這些所謂的「民粹派」只不過是一群脫離人民、脫離現實生活空想主義者。在他們中間，高爾基感到空虛和苦惱。

　　他想起在喀山和察里津度過的那些日子，他在那裡雖然也參加了一些知識分子的集會，碰見過許多優秀的人物，可是即使是他們當中最出色的人，也不免脫離人民，脫離現實社會。他們讀書、辯論，但並沒有什麼行動。高爾基決定，做一次長途旅行去觀察真正俄國人民的生活，以自己的親身經歷來了解人民。

　　1891 年 4 月初的一天，高爾基沒有與任何人告別，悄悄地離開了下諾夫戈羅德城。

　　自從上次被捕放出來以後，高爾基就一直被當地的警察部門祕密監視著。為了避開警察們的「蜘蛛網」，他沿著窩瓦河高高的河岸深一腳淺一腳地艱難跋涉。當他確信沒有人跟蹤之後，就坐船到了察里津，然後又順著他所熟悉的察里津橫穿過頓河草原。

　　為了在路途中生活下去，高爾基不時地停下來找些零工，在羅斯托夫港，他在一艘土耳其輪船上每天工作 15 個小時，裝卸

潮溼的皮革和一簍一簍的煙葉，一天賺到 50 戈比。

他住在靠近碼頭的一座房子的地下室裡，在這裡，他又結交了不少的碼頭工人和馬車伕。接著，他又漫遊到烏克蘭。

高爾基從烏克蘭的這一村到那一村，發現了許多新奇的事物，當然，也遇到了很多危險。有一次，他幾乎淹死在克赤海峽；還有一次，在喬其亞公路上，他被封閉在大風雪中。為了生存，他不得不做短暫的停留，賺一點錢，再繼續走下一段路。

但什麼困難也阻擋不了他，因為他要了解俄羅斯。

這年的 7 月 15 日，當他經過烏克蘭的一個村莊時，碰巧看到了當地叫做「馬奔」的慘劇。

這是殘酷的懲罰，是專門施與「不貞節」的女人的。

高爾基看到，一個柔弱的女人，赤身裸體被套在一輛兩輪車下，跟一匹馬套在一起。一個彪形大漢爬上車，揚起鞭子，一下一下輪流抽打著馬和那女人，馬車飛快地跑著，車子後面跟著一大群看熱鬧的人們。在這些村民看來，這不過是例行的風俗，是男人懲罰老婆的平常事而已。

面對這種野蠻、毫無人性地虐待婦女的行為，高爾基挺身而出給以制止。

然而，當地的人們把他毆打了一頓，並把他從村子裡拖了出來，扔進灌木叢的汙泥中。

傍晚，一位流浪樂師從這裡經過，發現了已經不省人事、奄奄一息的高爾基。好心的樂師設法把他送到了當地醫院，於是他得救了。

初露文學才華

　　傷癒後的高爾基繼續上路了，他下一步行程是到比薩拉比亞。高爾基抵達時，正是收穫葡萄的季節，於是他又成了收葡萄的工人。

　　比薩拉比亞風光綺麗的邊區使他能得以休息，恢復精力。他穿過比薩拉比亞南部地區，來到了多瑙河畔，之後越過阿克爾曼返回到奧德薩。

　　高爾基在奧德薩港口當了一陣子搬運工，在這期間，他碰上了一個叫做喬治亞的青年。

　　喬治亞是個脫離了自己家庭的小少爺，流落他鄉之後，他窮困潦倒，看不到讓自己擺脫困境的任何出路。出於同情，裝卸工高爾基向這位少爺伸出了無私的援助之手，他用自己勞動賺來的錢和食物幫助喬治亞，還陪同他返回家鄉。

　　在他們路過庫班的哥薩克村時，高爾基聽到邁科普村發生了「牛瘟暴動」的消息。由於沙皇官吏消滅牛瘟不力，當地居民被激怒起來，然而士兵卻打死了不少農民。

　　高爾基連忙帶著喬治亞趕到邁科普去，但他的行蹤引起了當局的注意，他第二次被逮捕了。

　　憲兵隊長問高爾基為什麼來這裡，高爾基回答：「我想了解俄羅斯。」

　　憲兵隊長以一副不屑一顧的神情回答高爾基：「這不是俄羅斯，而是豬圈！」

　　被釋放後，高爾基又踏上了漫遊的路程。他離開邁科普後先到了別斯蘭，然後沿著北高加索山脈向裡海走去。

已經是 10 月底了，高爾基依然與那位喬治亞的富家子弟同路。

　　他們經過尼古拉耶夫、赫爾松、皮里柯普、辛菲洛普、雅爾達、費奧多西亞、刻赤、塔曼、黑海地區和捷爾布斯克省，沿著喬治亞於 1891 年 11 月來到了高加索的首都第比利斯。

　　當他們到達第比利斯之後，那位富家子弟偷走了高爾基的全部東西。雖然他事先曾答應讓高爾基住在第比利斯自己的家裡，但他其實是在欺騙高爾基，並把高爾基拋到了這個陌生的城市中。

　　因為寒冷和飢餓，高爾基在這裡遇到了意外，第三次被捕。

　　警察局長對他進行了訊問。為了早點離開監獄，高爾基想起了自己曾在察里津鐵路局認識的一名朋友亞‧納恰洛夫。

　　此人在第比利斯的一個鐵路管理局任職，他很快保釋出高爾基後，並利用自己的關係，給高爾基安排了工作。經過長途漫遊，高爾基終於在第比利斯停下腳來。

　　高爾基在鍛工組做了一個多月後，因為他有學識，被調到會計部擔任統計員，專門負責記錄統計機車維修材料的消耗情況。

　　納恰洛夫把高爾基介紹給了他的朋友們，他們大多是第比利斯被判刑流放的政治犯。

　　高爾基在政治犯丹科家裡租了一個房間。他在第比利斯生活了幾乎一年，在這一年的各個季節，他利用假期走遍了高加索。高爾基在此期間收集到使他迷戀的這些地區的各種見聞。

　　1892 年春天，高爾基與自己的朋友機械工人費奧多爾‧阿法納西耶夫到了高加索東部的巴庫。

初露文學才華

巴庫是俄羅斯的石油產地，但是石油工人的痛苦生活和油井老闆為追求巨額暴利不擇手段的做法，給高爾基留下了深刻的印象。

油田到處是骯髒的井架、管道、鑽桿雜亂無章地堆在地上、路旁。在沉重、灼熱的空氣中，飄蕩著低沉的、「嘶嘶」的聲音。十多個光著上身的工人拉著一根繩子，在地面上拖著一塊很厚的、帶有鐵鏈的厚重鋼板，他們愁眉苦臉地喊著：「喲哎嗬！喲哎嗬！」

大滴的黑雨點落到他們身上。油井噴出很粗的黑柱，柱頂碰到濃厚的、帶油的空氣，就呈現出蘑菇頭的形式；雖然從這個蘑菇頭上向下流油，但是它好像在融化著，而體積並不縮小。在這一切裡面，有可怕的、非現實的或者已經過於現實的、毫無意義的東西存在。

看見這個情景，高爾基的朋友阿法納西耶夫說道：「我就算是餓死，也絕不到這裡來工作！」

同年夏天，高爾基又來到了黑海，參加了修築諾沃羅西斯克公路。這裡聚集了數千名家鄉鬧饑荒的難民。從表面上看，他們好像是在賑濟難民，而實際上卻對難民進行了極端殘酷的剝削。看見他們的遭遇，高爾基感慨萬分。

旅行使高爾基增長了許多知識，他更加深入地了解了人民的真實生活，為他後來的文學創作提供了豐富的生活素材。

從黑海回來，高爾基重新回到第比利斯，他在當地知識分子和青年工人之間認識了許多人，並與阿法納西耶夫在新阿爾申納

爾街一間半地下室召集了一個學習小組。

高爾基和具有革命想法的工人及學生們有了接觸。他在青年學生和工人間進行宣傳，他變成了小組中的宣傳家，他的講話的才能使新朋友們大為吃驚。

在這個階段，高爾基認識了一個對他有決定性影響的人，這就是革命者祕密組織「民主黨」的會員亞歷山大‧梅地福維奇‧卡柳日內。

亞歷山大‧梅地福維奇‧卡柳日內也是鐵路局裡的一個職員。由於他參加民意黨的革命活動，曾坐過 6 年牢。他極有知人之明，他與高爾基結識後，發現了高爾基是個與眾不同的青年。高爾基不僅閱讀過眾多的文學名著，還極其看重精神生活，喜歡對社會現象進行各種思索，卡柳日內很欣賞他。

卡柳日內請高爾基到他家裡去住。高爾基在漫長的晚上，對他的新朋友敘述了他的流浪生活中的全部遭遇，講了他在鐵路的冒險故事，也說到了自己的感受。

有一次，高爾基向卡柳日內談到他在比薩拉比的流浪生活時，在吉普賽人的帳篷裡，聽到一個名叫馬卡爾‧楚德拉的老吉普賽人講的關於拉達和左巴爾的傳說。

從高爾基繪聲繪色的講述中，卡柳日內看出高爾基具有非凡的才能，他認為對方是一個真正的文學天才。

卡柳日內把高爾基鎖在自己的屋裡，拿給他一支筆說：「佩什科夫先生，你把你說給我聽的故事寫下來吧！」

高爾基吃驚地望著卡柳日內，一時沒有反應過來。

初露文學才華

卡柳日內從房間裡拿出一疊紙，接著說：「給你紙。你要是不寫好，我就不放你出去！」

對於寫作這件事，高爾基從來不覺得困難，但他到底該寫些什麼呢，他的大腦裡又反覆地思索了一遍。

到現在為止，高爾基已經累積了很豐富的素材，漫遊生活使他接近了各式各樣的人物：在房屋地下室住的人，在作坊和輪船房艙裡住的人，在農民的木頭小屋和安適整潔的都市建築裡住的人，以及住茅草屋的人。他知道當一個撿垃圾的、當廚師的、畫聖像的、當麵包師傅的、碼頭工人、肩挑小販和鐵路工人都是什麼感受。

高爾基想，只要寫下來，寫自己，寫自己親眼所見的一切，寫自己的感想，就行了。然而高爾基一提起筆，這一切的豐富素材就好像從他的記憶中消退了。他另外地寫了一些字句，不是他自己的話而是模仿了英國詩人拜倫的詩，或者是那個義大利詩人萊奧帕爾迪的詩文。

卡柳日內當然不希望看見高爾基的這些詩文，他想要看到的是高爾基以自己的經歷寫成的小說故事。

但卡柳日內也明白這其中的緣故，於是他再次鼓勵高爾基說：「你應該把你看見的以故事的方式寫出來，而不是以詩歌的方式表達。」

在這種情況下，高爾基重新將自己的詩歌修改成了一篇小說，他的第一篇小說《馬卡爾‧楚德拉》就此誕生。

卡柳日內把這部小說介紹給第比利斯的一家重要的報紙《高加索報》的編輯看，這篇小說立即引起了報社的極大興趣。

高爾基被請進了報社，報社編輯部希望他提供一個小說的署名。他坐在編輯部，當場想出一個筆名：馬克西姆·高爾基。

　　馬克西姆是他父親的名字，而「高爾基」在俄文中的意思是「最大的痛苦」。高爾基覺得，幸福往往孕育在痛苦之中，希望也是誕生在痛苦之中，所以他便以這個名字為命。誰也沒有想到，這個名字後來竟震動了整個俄國和世界文壇。

　　1892 年 9 月 24 日，《高加索報》發表了署名為「馬克西姆·高爾基」的小說《馬卡爾·楚德拉》。這件事對於高爾基的意義非同小可：喜愛文學的青年高爾基破天荒地在報刊上發表了自己的第一篇作品，在文壇上邁出了堅實的第一步，這是他整個創作道路的開端。

　　後來，高爾基一直懷念他開始創作活動的城市第比利斯，念念不忘幫助他的卡柳日內。1925 年，57 歲的高爾基在致卡柳日內的信中寫道：

> 我親愛的朋友和老師，亞歷山大·梅地福維奇·卡柳日內：
> 自從我有幸與您相識以來，已經過去了 34 年了；而從我們第二次也就是最後一次見面以來，也過去了 22 年了。
> 在此期間，我結識過數百人，他們之中有的是了不起的、卓越的人物。可請您相信：他們之中的任何人在我的記憶裡與您相比都會黯然失色。
> 這是因為，親愛的朋友，您是第一個像對待人一樣對待我的人。
> 在我的記憶裡，您第一個用您那溫柔的使我永不能忘懷的目光看我，您不光是把我看做一個有奇怪經歷的年輕人和漫無目的的流浪漢，而且還把我看做有用的、能夠創造社會財富的人。當您在

傾聽我講述我的所見所聞和我自己本人的經歷時，我記住了您的
眼睛。那時我就明白了，在您面前沒有什麼可吹噓的。我覺得，
正是由於您，我一生才未曾自我吹噓過，沒有抬高自己的身價，
也沒有誇大我飽經風霜的一生的痛苦。

我是說，您是第一個使我嚴肅地看待自己的人。我感激您使我走
上為俄國的藝術服務的道路，在這條路上我已經走了 30 多年。

老朋友，我親愛的老師，我緊緊地握您的手！

　　兩次漫遊俄羅斯使高爾基逐漸成熟起來，第比利斯的生活和
學習工作奠定了他未來的文學創作之路。

陸續發表作品

1892 年 10 月 6 日，高爾基乘船北上，回到故鄉下諾夫戈羅德，結束了他近兩年的漫遊生活。

他回到下諾夫戈羅德，仍在律師拉寧的事務所裡擔任文書工作。他住在拉寧家的半地下室裡，白天的工作是抄寫傳喚文、訴狀和上訴書，晚上便讀書和寫作。

在《馬卡爾‧楚德拉》這篇小說發表之後，高爾基便不再丟棄從事文學工作的念頭。然而一次的成功還不能夠成為他的事業，雖然他仍在不停地寫作，可是他還是不能相信自己會成為一個真正的作家。

有一天，他以描寫流浪漢的短篇小說《葉美良‧皮里雅依》寫了關於他和一名叫葉米良‧畢拉伊的夥伴怎樣沿著黑海海岸餓著肚子漂泊的故事。

高爾基的一位朋友讀了這篇作品，悄悄把原稿帶到莫斯科，送給了當地自由主義者的一份大型報紙《俄羅斯新聞報》。

1893 年 8 月 5 日，該報發表了這篇小說。此後，高爾基把其他幾篇小說寄給喀山的《窩瓦河報》，也全都發表了。高爾基也為此得到了編輯部寄給他的一封頗為恭維的信和一筆大約 30 盧布的稿費。

《窩瓦河報》因為經常得到大作家柯羅連科的支持，成為窩瓦河地區最有影響的報紙。這以後，高爾基又在這個報紙上發表了小說《黃翅雀的故事》。

陸續發表作品

　　柯羅連科被高爾基的小說所感動，他很想跟這個筆名為「馬克西姆‧高爾基」的青年作家見上一面。

　　根據《窩瓦河報》主編的要求，高爾基以「馬克西姆‧高爾基」的身分前往柯羅連科的家。

　　柯羅連科仍然住在城郊的那個小木屋。高爾基一進去，柯羅連科便立即認出這個人就是幾年前給他看過〈老橡樹之歌〉的那個人。柯羅連科連聲讚揚了高爾基最近發表的小說：「我們剛讀了你的《黃翅雀的故事》。你看，你的東西開始登出來了，我向你道喜！原來你很固執，老是寫諷喻。說真話，諷喻也是好的，只要它俏皮。而且固執也不是缺點。你寫得很有獨創性。雖然你的東西並不是完全安排得妥當，有點粗糙，可是總體看來，很有趣味。」

　　高爾基對柯羅連科說，自己還寫了幾個短篇，有一篇在《高加索報》上發表了。

　　柯羅連科很感興趣地問：「你可以帶來給我看一看嗎？」

　　高爾基害羞地說：「我擔心又像上次一樣，得不到您的好評，就不好意思拿來了。」

　　柯羅連科哈哈一笑說：「看你說的，你寫的東西都發表了，難道還有什麼大的問題嗎？」

　　接著，高爾基又跟柯羅連科聊起了自己的親身經歷，柯羅連科對他勇敢的精神大為讚揚。

　　臨別時，高爾基遲疑了一下，向柯羅連科問道：「您認為我可以寫作嗎？」

　　柯羅連科有點詫異地大聲說：「當然啊！你不是已經寫了，

而且發表了嗎？要是你想聽我的意見，你可以把稿子帶來，我們詳談。」

高爾基如釋重負。從此以後，他就不再去律師那裡任職了，他把時間空出來從事文學創作，為地方報紙寫短篇小說。與此同時，柯羅連科也成為高爾基文學創作道路上具體的指導者。

如果說卡柳日內是指出高爾基應該走上文學創作這條路的人，那麼柯羅連科便是這條路上的一位細心而嚴格的領路人。他喚起了高爾基極大的創作熱情，他注意高爾基發表的每一篇作品，他的意見經常是簡單而又肯定的。他勸高爾基不要只注意詞句的華麗，不要把人物寫得概念化、定型化，高爾基虛心地接受他的建議。

1894 年一個夏天的早晨，高爾基把他的一篇童話《漁人和仙女》和剛剛寫好的短篇小說《阿爾希普爺爺和廖恩卡》拿去給柯羅連科看。柯羅連科當時不在家，高爾基就留下了手稿。第二天，柯羅連科就託人帶來了一張字條：「晚上請來談談。柯羅連科。」

當晚，高爾基如約到了柯羅連科的家。

柯羅連科詳細地分析了高爾基的童話和短篇小說。他認為《阿爾希普爺爺和廖恩卡》寫得不錯；但那篇童話故事，他覺得高爾基寫得太匆忙、太急促，有些地方甚至寫得不夠精細、不夠鮮明。

最後，柯羅連科勸高爾基：「你試試寫一點更大的東西在雜誌上發表。是該動手的時候了。他們會把你的東西登出來的，我希望你以後對待自己要更加嚴格些。」

陸續發表作品

　　高爾基回到家裡，仔細回想了柯羅連科對自己說過的話。後來，他根據在烏克蘭醫院住院時的病友、奧德薩的一個流浪漢向他講的故事，寫了短篇小說《切爾卡什》。

　　兩天后，他寫好了，把草稿送到了柯羅連科那裡。

　　柯羅連科看過了手稿，誠懇地祝賀高爾基說：「你寫了一篇不壞的東西。它簡直是一篇真正好的短篇小說！真是一氣呵成。你會塑造人物個性，你那些人照自己的意思、照自己的本性說話、行動。你善於不干預他們的思考方向和感情衝動，這不是任何一個作家都能辦得到的！你的成功之處就在於，你能夠把所要描寫的人物唯妙唯肖、不折不扣地反映出來。哦！我不止一次對你說過，你簡直就是一個現實主義者啊！」

　　柯羅連科又想了想，微笑著補充說：「不過，你同時還是一個浪漫主義者呢！我要把《切爾卡什》發表在《俄羅斯財富》上面，而且放在第一篇，這是尊重和榮譽。」

　　《俄羅斯財富》是當時莫斯科的大型刊物，由生於貴族家庭的俄國社會學文學家米哈伊洛夫斯基主編。

　　高爾基的《切爾卡什》能夠被刊登在《俄羅斯財富》上，說明他在文壇上的地位已得到柯羅連科和米哈伊洛夫斯基承認。

　　由於高爾基在下諾夫戈羅德的生活非常貧困，柯羅連科建議他離開故鄉，到《薩馬拉日報》去工作。

　　《薩馬拉日報》創刊於1880年，創始人是一名退役的輕騎兵。1894年，該報紙因經營不善不得不轉手賣給了科斯傑林。新老闆聘用了阿舍紹夫做主編。阿舍紹夫是因政治觀點觸怒了當局，

而被從莫斯科趕出來的新聞記者。他在薩馬拉落腳之後，就著手改組《薩馬拉日報》。

柯羅連科在窩瓦河流域新聞界是很有威望的，阿舍紹夫便請他幫助自己撰稿，柯羅連科就利用這個機會，把高爾基推薦了過去。

1895 年 2 月 22 日，高爾基告別了柯羅連科，告別了自己的家鄉，來到窩瓦河南部的城市薩馬拉。從此，寫作成為了他一生的事業。

在薩馬拉日報社，高爾基每天的工作是負責報紙的「速寫與隨筆」專欄，每月 50 個盧布；如果親自撰稿，每一行文字再另付兩個半戈比。

「速寫與隨筆」專欄是由省內各家報紙剪輯而成，由專欄負責人以評論將其連綴起來。報紙歸納分析俄國現實生活中的事實，給讀者提供一篇類似內部短評的東西。這對高爾基來說是一個新的領域，他花了很多心思去思索。

高爾基在這個專欄增添了新的文體 —— 小品文。在評論各報刊的時候，他常常抨擊薩馬拉地方上那些權貴和豪紳，毫不掩飾地為勞工階級的青年、僕人和窮苦者仗義執言。

幾個月後，《薩馬拉日報》的小品文「漫談」專欄也移交給了高爾基。1895 年 7 月 14 日，高爾基開始用葉古傑爾·赫拉米達的筆名在《薩馬拉日報》「漫談」專欄中專門寫小品文。

用這個筆名發表的文章，與高爾基的小說比起來，雖然寫得粗糙一些，但這些文章無情地諷刺、抨擊俄國社會現實的黑暗面，磨練了他犀利的政論文筆。

陸續發表作品

在薩馬拉日報社工作期間，他除了每天必須寫一篇新聞小品，一週發表一篇文藝作品外，他還用自己豐富的生活經歷中汲取小說的素材，寫成了《結局》、《木筏上》、《伊則吉爾老婆子》、《鷹之歌》、《有一次，在秋天》、《遊街》、《金扣子事件》等著名的短篇小說。

在這些作品中，高爾基的內涵朝著深刻、成熟更進了一步。

在此期間，高爾基的生活十分緊張、充實。夜晚的行人走過冷清的伏茲涅辛斯基大街，透過高爾基地下室的窗戶，能看到淡黃色的燈光下，有一個伏案寫作的人，這就是高爾基，他常常夜以繼日勤奮地工作著。

高爾基在薩馬拉做了整整一年，在這裡他認識了《薩馬拉日報》的 18 歲的校對員女孩卡葉卡捷琳娜‧佩什科娃，他們深深地相愛了。

當時，能在《薩馬拉日報》上發表文章的，除了柯羅連科外，還有加陵‧米哈伊洛斯基、馬朋‧西比里亞克等俄國的知名作家。高爾基和他們的名字並列在一起，大大地提到了他的知名度。

一年之後，高爾基成為了眾所矚目的作家，窩瓦河一帶的所有報紙都爭著聘請他參加他們的編輯部。

高爾基最終接受了《下諾夫戈羅德報》的邀請，再次回到了故鄉，從事該報的編輯工作。

轟動俄國文壇

1896 年春，全俄工業展覽會在下諾夫戈羅德開幕。這次展覽會的目的，是向整個歐洲展顯俄國的成就和力量。

在一塊緊鄰著貧民窟的荒地中，搭起了一座一座漂亮的陳列館，裡面擺放著各式各樣的棉織物、麻繩、神像、彩瓷、錦緞、鐵耙、皮革等物品。

一群穿著民族服裝的牧人吹奏著「光榮，光榮，我們俄羅斯的沙皇」的調子，一隻雙頭的金鷹的國徽在會場上放射著耀眼的亮光，空中停泊著無數的氣球。俄羅斯沙皇尼古拉二世親臨會場主持開幕式。

大大小小的報紙上整版地報導了展覽會的盛況，大肆鼓吹俄羅斯帝國的力量。

對於這場展覽會，高爾基也發表了許多文章，但他的文章卻似一份份嚴峻的起訴書。他在描述展覽會展出的油、金子、皮革生產的同時，也寫到了採油工人、淘金工人、製革工人的痛苦生活，向讀者展示出一幅幅真實生動的生活畫面。

就在這個時期，高爾基創作了一些反映流浪漢和底層人物生活的著名短篇小說，如《在草原上》、《淪落的人們》、《柯諾瓦洛夫》和《曾經是人的動物》等。他的這些作品表明，底層人物的痛苦生活是俄國統治階級剝削所造成的結果。

高爾基的名字越來越引起沙皇政府的注意。在第比利斯，有

轟動俄國文壇

一個名叫阿芳拉賽夫的工人被捕了，他是一個革命者。在這個人的住所裡，警察搜到了一張高爾基的照片。

高爾基再一次被逮捕了，他被從故鄉下諾夫戈羅德押到第比利斯，關進關押政治犯的專門牢獄麥特赫堡。幾天之後，雖然憲兵方面極力想把高爾基拉進阿芳拉賽夫的案件中，但除了一張照片，他們再也找不到任何罪證，只好將高爾基釋放。

高爾基回到了下諾夫戈羅德。此後他的住宅周圍，經常出現奇奇怪怪的人在此徘徊。

這年 8 月，高爾基前往薩馬拉，與心上人佩什科娃舉行了婚禮。第二年，他們有了一個兒子，他便是高爾基的獨生子馬克西姆。

由於多年飢寒交迫的流浪生活，加上報刊工作的勞累，新婚不久的高爾基就病倒了。10 月，他病在床上 3 個多月，醫生勸他去南方治療。他先在克里米亞住了一些時候，接著到了烏克蘭，在一個恬靜的村莊瑪努伊洛夫卡休養。康復後，他又回到了下諾夫戈羅德城。

回到故鄉，高爾基為下諾夫戈羅德城的窮苦孩子們籌劃一個聖誕集會。他的房間裡堆滿了各式各樣的袋子，那是給孩子們準備的節日禮物；到處是一捲一捲的布料，高爾基請來的裁縫們正在給孩子們趕製衣服。

聖誕節到了，高爾基為孩子們準備的聖誕樹是巨大的，五彩的燈射出繽紛的光芒。大約 500 個貧苦的孩子都應邀參加了這規模空前的聖誕晚會。

在新年來臨的時候，高爾基還想到了農村的孩子們，他把雜誌上的一些圖片剪下來，訂成冊子，給農村的孩子們看。

高爾基也沒有忘記給那些通常被稱作流浪漢的人們。在一座全城聞名的圓柱廳的建築裡，高爾基為他們辦了一所白天的休息所，在那裡有一個圖書館和一架鋼琴。流浪漢們在那裡可以覺得自己又過上了「人」的生活。

1898 年，對於高爾基來說，是一生中具有重大意義的一年。這一年，高爾基擺脫了緊張的報社工作，開始了專職作家的生涯。

此時，有人建議他把自己幾年來寫的小說編成兩卷單行本，但一些出版商認為這是一個冒險的行為。後來，兩位出版商陀羅瓦托夫斯基和查魯什尼可夫同意出版高爾基著作的單行本。

同年三四月分，高爾基從自己的 700 多篇作品中選出 20 餘篇作品，出版了《特寫與短篇小說集》第一卷和第二卷，每本 10 篇。選集在 10 個月內售完 6,000 多冊，一下子轟動了整個俄國文壇。

第二年，高爾基的兩卷集再次出版，同時還增加了第三卷。不到一年，三卷集又銷售一空。這在俄國出版界是從未有過的大事。要知道，這些作品只不過在地方報上刊登過而已。

整個俄國知識界都在紛紛議論這顆文壇新星。三卷集包括了高爾基早期有名的作品。它的出版給高爾基帶來了真正的聲響，這也是俄國文學史上的一件大事。這些作品很快被譯成歐洲各國的文字。高爾基的名字越出了國界，從此成為了聞名歐洲的大作家。

轟動俄國文壇

1899 年，高爾基的聲望已經非常大了，他在首都舉辦了慶祝創作的文學晚會，舉辦關於他的演講，撰寫和出版了關於他的小冊子。當巡迴展覽會上出現了列賓畫的高爾基的一幅肖像畫時，這幅畫就成了展覽會上「最精彩的東西」。青年人懷著關切、崇敬的心情圍攏來注視這位新作家的面容。

隨著高爾基的成名，他先後認識了許多俄國作家，如契訶夫、托爾斯泰等。

高爾基和契訶夫的友誼，與柯羅連科一樣，也是在對文學創作的切磋中發展起來的。契訶夫是一位藝術造詣更高、要求更嚴格的作家。1899 年，高爾基把自己的兩卷集送給了契訶夫，並開始同他通信。高爾基認為契訶夫是「一個巨大的獨特的天才，一個在文學史上和社會風尚上的劃時代作家」。

契訶夫也肯定了高爾基的成就，同時也指出了高爾基的不足之處。他認為，高爾基「確實有才氣而且是真正的、巨大的天才。例如你的《在草原上》這篇作品就表現了非凡的天才，這篇作品不是我寫的，它使我不勝羨慕。你是藝術家，很聰明，你有敏銳的感覺。你善於雕塑造型，這就是說，當你描寫東西的時候，你是看得見它和用手摸得著的。這是真正的藝術。」

1900 年，高爾基又見到了自己在 11 年前就想見到的大作家托爾斯泰。他興奮地給契訶夫寫信描述了內心的激動：「一看到他，就非常愉快地想到自己是一個人，並且意識到，一個人也可以成為列夫‧托爾斯泰的。」

契訶夫建議高爾基離開故鄉去莫斯科或彼得堡居住，他認為這對於高爾基的創作會更有益。同一年，高爾基來到了彼得堡，他與新出版的《生活》雜誌取得了聯繫，積極參加該雜誌文藝欄的組織工作，並在該刊物上發表了一系列的作品，如《福馬‧阿爾傑耶夫》、《三人》、《基里爾卡》、《二十六個和一個》等。

　　這些作品中，《福馬‧阿爾傑耶夫》是一部長篇小說，它成功地暴露了俄國資本家的罪惡本質，高爾基從此得到了更多的擁戴，也招致了許多人的恐懼和仇恨。

　　《福馬‧阿爾傑耶夫》以連載的形式在《生活》雜誌上發表後，成為轟動一時、爭相傳閱的作品。

　　也是從這時起，高爾基引起了許多西歐文學家、批評家的注意。

　　在這之前，高爾基都是以寫作短篇小說而出名的，《福馬‧阿爾傑耶夫》的問世，意味著他在創作道路上更進了一步。

受到沙皇迫害

19 世紀末到 20 世紀初是俄國人民反對沙皇專制抗爭蓬勃發展的年代，高爾基的思想在這一時期發生了很大的變化。

在彼得堡，他密切地關注著國家的政治活動，注視著國民的政治生活。與此同時，他還接受了社會民主黨地方組織的委託，開始撰寫傳單，收集民間流傳的禁書，大力倡導工人運動，並把自己與日益發展的工人運動串聯起來，形成以文學為手段的革命運動。

20 世紀初，俄國受到歐洲爆發的工業危機的影響，有多家企業倒閉，10 萬多工人被解僱。工人失業，農民破產，工人運動大規模地開展，並逐漸由經濟抗爭轉入到政治抗爭。

工人們成群結隊地走上街頭，喊出了「打倒沙皇專制」的口號。

在這種情形下，工人運動領導人列寧認為，必須建立一個新型的馬克思主義政黨，這樣才能使廣大群眾走上正確的道路。

1900 年 12 月，列寧在國外創辦了報刊《火星報》，版頭引用的是 12 月黨人答覆普希金的詩句「行看星星之火，燃成熊熊之焰」作為題詞。列寧透過這份報紙，用革命理論來武裝工人，領導他們同沙皇做抗爭。

農民的抗爭，工人的罷工，學生的罷課，各種力量融合在一起，共同抗擊著沙皇政府的革命統治。

高爾基成為反對沙皇統治的文化主將之一。他開展廣泛的文化活動和政治活動，積極投入到工人階級的革命運動中。列寧《火星報》創刊以後，他從這個報刊中找到了革命的方向和抗爭的力量。因為高爾基本人蓼加了革命實踐，又接受了列寧的革命思想，他的文學創作逐漸與無產階級的革命抗爭緊密地連接起來，進入了一個新的階段。

1901 年 2 月，高爾基在彼得堡參加了俄國作家協會為了紀念農奴解放 40 週年而舉行的特別會議。在這次大會上，高爾基發表了抨擊沙皇政府的尖銳演說。

同年 3 月 4 日，高爾基又參加了在彼得堡喀山大教堂附近舉行的學生示威遊行，他親眼目睹了沙皇憲警殘暴地衝散學生的遊行隊伍、野蠻地毆打和鎮壓遊行的群眾。他無比憤慨，在彼得堡文藝工作者反對沙皇的抗議書上簽了名，支持群眾的革命抗爭。

3 月 12 日，高爾基回到了故鄉下諾夫戈羅德。他預感到革命風暴即將到來，他根據自己在彼得堡的經歷，結合當時的革命抗爭形勢，為《生活》雜誌寫了一篇既帶有象徵意義又激昂的短篇小說《春天的旋律》。

這篇小說的大意是說：當春天即將來臨的時候，在作者窗外的花園裡，有一群鳥在自由地交談著。牠們談論的話題是關於「大自然即將甦醒」、「自由」和「憲法」等。

其中，「七等文官老麻雀」是個自由主義者，牠曾經也夢想過自由與憲法，牠輕輕地喊過「自由萬歲」，但立即又大聲地補充一句「在法律限制的範圍以內」。

「令人尊敬的老烏鴉」講話一向那麼簡短扼要，牠總是叫著「嗚

哇 —— 是事實！」「嗚哇 —— 是事實！」既持重，又肯定。

「告密者年輕的大公雞」則「本著職分所在」，「要細聽棲息於空中、水裡和地底下的一切生物的談話，並且嚴密注意牠們的行動」。

高爾基特別注意剛飛來的一群金絲雀，因為牠們希望整個大自然快點甦醒。

「四等文官灰雀」聞到空氣裡有股什麼氣味，牠在打牌的時候，聽到一隻「世襲的可敬的鷗鴉」也講過同樣的話，表示要察看，要追究，要弄清楚。

這時「詩人雲雀」飛來了，牠預言到黑夜即將消逝，曙光正在微笑，「我要迎接朝陽，迎接清晨，迎接光明和自由」。

不用說，「四等文官灰雀」和「告密者年輕的大公雞」是都瞧不起雲雀的，灰雀甚至罵它是「一隻灰色的下流貨」。而在花園的角落裡，有一群金絲雀坐在老菩提樹的樹枝上，聽著其中一隻唱著牠從什麼地方聽來的帶有鼓動性的關於海燕的歌。

高爾基寫的這篇作品將鳥擬人化，而且對其中某些鳥加上官銜和稱號，用來諷刺俄國社會各階級的代表人物和抨擊沙皇統治。由於沙皇書報檢查機關的阻撓，雜誌社只刊出了小說結尾部分的詩歌，這就是高爾基著名的作品〈海燕之歌〉。

在蒼茫的大海上，狂風捲集著烏雲。在烏雲和大海之間，海燕像黑色的閃電，在高傲地飛翔。一會翅膀碰著波浪，一會箭一樣直衝向烏雲，牠叫喊著，就在這鳥勇敢的叫喊聲裡，烏雲聽出了歡樂。在這叫喊聲裡充滿著對暴風雨的渴望！

在這叫喊聲裡，烏雲聽出了憤怒的力量、熱情的火焰和勝利的信心。

海鷗在暴風雨來臨之前呻吟著，呻吟著，牠們在大海上飛竄，想把自己對暴風雨的恐懼，掩藏到大海深處。

海鷗也在呻吟著，牠們這些海鷗啊，享受不了生活中戰鬥的歡樂：轟隆隆的雷聲就把牠們嚇壞了。

蠢笨的企鵝，膽怯地把肥胖的身體躲藏到懸崖底下，只有那高傲的海燕，勇敢地，自由自在地，在泛起白沫的大海上飛翔！

烏雲越來越暗，越來越低，向海面直壓下來，而波浪一邊歌唱，一邊衝向高空，去迎接那雷聲。雷聲轟響。波浪在憤怒的飛沫中呼叫，跟狂風爭鳴。看吧！狂風緊緊抱起一層層巨浪，惡狠狠地把它們甩到懸崖上，把這些大塊的翡翠摔成塵霧和碎末。

海燕叫喊著，飛翔著，像黑色的閃電，箭一般地穿過烏雲，翅膀掠起波浪的飛沫。

看吧！牠飛舞著，像個精靈，高傲的、黑色的暴風雨的精靈，牠在大笑，牠又在呼喊，牠笑這些烏雲，牠因為歡樂而呼喊！這個敏感的精靈，牠從雷聲的震怒裡，早就聽出了睏乏。牠深信，烏雲遮不住太陽，是的，遮不住的！狂風吼叫，雷聲轟響。

一堆堆烏雲，像青色的火焰，在無底的大海上燃燒。大海抓住閃電的箭光，把它們熄滅在自己的深淵裡。這些閃電的影子，活像一條條火蛇，在大海裡蜿蜒游動，一晃就消失了。

暴風雨！暴風雨就要來啦！

這是勇敢的海燕，在怒吼的大海上，在閃電中間，高傲的飛翔；

這是勝利的預言家在叫喊：讓暴風雨來得更猛烈些吧！

高爾基透過描繪出一幅暴風雨到來前的氣勢雄偉的自然景象，以借景托情的手法酣暢淋漓地抒發了無產階級準備投入戰鬥的豪邁情懷。高爾基把暴風雨直接與革命銜接起來，莊嚴宣告，

革命的暴風雨就要來臨，並號召人民起來參加戰鬥！這說明，他在塑造英雄形象的探索中，又前進了一步。

與此同時，高爾基還以鄙夷的筆調寫了一些海鳥 —— 海鷗、企鵝。當暴風雨即將來臨之際，牠們嚇得惶恐不安，有的呻吟著，有的在大海上飛竄，有的畏縮著躲藏在峭崖底下。在牠們身上，人們看到了革命風暴到來之前驚慌失措、悲觀失望、企圖向敵人妥協投降的資產階級政客和小市民的醜惡嘴臉。

高爾基的〈海燕之歌〉是當時無產階級革命風暴即將來臨時那種革命氣氛的最生動的反映。它問世後，對俄國和世界各國無產階級的革命抗爭產生強而有力的宣傳。它立即成為革命群眾與沙皇進行抗爭的有力武器。這部作品的發表，給高爾基帶來了更大的聲譽。這時高爾基的世界聲譽已經無可辯駁地形成了。

對於高爾基的戰鬥檄文，沙皇政府當然不肯就此罷休，他們首先封閉了《生活》雜誌。不久，高爾基也因為替工人購買革命宣傳用的油印機一事，被關進了下諾夫戈羅德監獄的第四層塔樓裡。

高爾基被當做一個危險的犯人受到特別的迫害，當局禁止他與外界的一切來往，還對他施用種種酷刑。監獄的迫害使高爾基又一次病倒了。

高爾基在監獄中生病一事，激起了人民群眾的義憤，抗議之聲遍及整個俄國。已經是 70 歲高齡的托爾斯泰也出來為這位生病的作家說話。

政府不得不作出讓步，他們從監獄裡放出了高爾基，把他禁閉在家裡。

儘管這樣，沙皇政府仍然害怕高爾基與地下黨、工人以及革命學生互通，他們對他採取了更嚴厲的監管手段：在高爾基的寓所廚房裡，他們派了一個警察，在過道裡也有一個警察。高爾基只有在其中一個警察的監視下才能上街辦事。

這年 9 月，沙皇政府又把高爾基放逐到一個毫無生氣的小城市。但此時高爾基的病情已經十分嚴重了，醫生認為病人必須去南方治療。政府准許高爾基到克里米亞小住治療。

在高爾基臨行前，當地的革命青年巧妙地舉辦了一次示威遊行來為高爾基送行。

高爾基來到車站的時候，站臺上已經聚集了許多學生和工人，群眾高唱著革命歌曲，與他們敬愛的作家告別。

警察命令車子提前開走。火車在口號「高爾基萬歲！」「言論自由萬歲！」「打倒專制主義！」聲中離開了車站。

對於群眾為高爾基在車站送行事件，列寧在《火星報》上發表了一篇題目為《示威遊行開始了》的文章。他在文章中寫道：

11 月 7 日，下諾夫戈羅德這次規模不大的然而是成功的示威，是為了給馬克西姆‧高爾基送行而舉行的。
專制政府不經審訊，就把這位全歐洲聞名的作家驅逐出他的故鄉。有一位在下諾夫戈羅德示威遊行時發表演說的人說得很對，這位作家的全部武器就是自由的言論。
沙皇的爪牙在暗中胡作非為，我們一定要把這種行為暴露於光天化日之下……

在克里米亞，高爾基和早先在此等候他的契訶夫、托爾斯泰等人相聚在一起。

受到沙皇迫害

契訶夫給高爾基介紹剛剛組建不久的莫斯科藝術劇院的青年文藝工作者們。

高爾基對大家說：「朋友們好，見到你們很榮幸！」，後來他不顧自己病痛為藝術劇院創作了他第一個劇本《小市民》。

《小市民》描寫的是帝俄時代小市民別斯謝苗諾夫一家過著空虛生活的故事。

老別斯謝苗諾夫是一個專橫頑固、愚昧無知、害怕新生事物的保守人物。他是一個保守的小市民的典型。

他的兒子和女兒則是「文明的」市民。他的兒子雖然表面上不滿意他的家庭，還有社會，而且因為參加學生運動被退學了，但是他很快就後悔了。他的女兒則苦悶無聊，想自殺又沒有成功，也漸漸和她的父親妥協了。

別斯謝苗諾夫父子之間的衝突是表面的、不真實的。劇本的真正衝突是這一家人和養子工人尼爾之間的衝突。火車司機尼爾是劇中的主要人物。他樂觀熱情，有堅定的革命信念，深深相信工人階級一定會成為生活的主人。因此他說：「誰工作，誰就是主人。」

尼爾富有改造生活的熱情，宣稱「沒有不變的火車時刻表」。他也知道，要透過抗爭才能夠改變現存的制度。因此他說：「權利不是給的，而是爭取來的。」

尼爾是俄國文學，也是世界文學中第一次出現的革命無產者形象。不過，高爾基只寫了他與這一家人所進行的抗爭，還沒有能在革命抗爭的典型環境中展示他的個性。

高爾基的這個劇本透過劇中火車司機尼爾之口，鼓勵勞動者做自己的主人。

《小市民》在莫斯科藝術劇院上演，由著名戲劇家斯坦尼斯拉夫斯基扮演尼爾。雖然沙皇政府對此劇本大肆砍伐，但演出仍取得了巨大成功。

1902 年，高爾基的這個劇本獲得了當時俄國最高榮譽的文學獎金。

2 月，高爾基在克里米亞養病的時候，又發生了一個插曲：科學院選舉高爾基為科學院名譽院士。

警察局氣急敗壞地把這件事上呈沙皇。

沙皇尼古拉二世在一份記載著高爾基當選為名譽院士的報紙上，寫下了如下的批語：

此事荒唐之至。

隨後，沙皇在給教育大臣的一封信裡，又這樣寫道：

當茲騷擾之世，科學院所選舉者，竟乃此類之人物。予於全部事件極為憤慨。

幾天後，高爾基的名譽院士被撤銷了，這引起了俄國知識界的憤慨。大作家契訶夫和柯羅連科毅然拋棄了他們自己名譽會員的稱號，以示抗議。

列寧的《火星報》撰文也為高爾基打抱不平，文中稱他是「抗議群眾的天才代表」。

沙皇政府終於控制不住對高爾基的恐懼，在 5 月，將高爾基流放到阿爾札馬斯。

發表戲劇佳作

阿爾札馬斯是下諾夫戈羅德南部的一個城市，在這裡，居住的多是退休的公務員和教士，其餘的都是在本地做小買賣的商人。

沙皇政府把高爾基流放到這裡的原因是為了使他不再宣傳革命。高爾基住在一所有花園的木頭房子裡，給契訶夫的信中這樣寫道：

> 這裡很安靜，空氣也清新。到處是園林，夜鶯在園裡歌唱，特務們卻在灌木間藏著。我想，夜鶯是每一個花園都有的，而特務大概只是在我的花園裡才有的。在夜晚的暮色中，他們坐在我的窗下，希望偷看我怎樣把叛亂傳播給俄羅斯。他們假若發現不了什麼，就要嘀咕幾句，並且恫嚇我家裡的人。

高爾基做的每一件事，警察都會產生懷疑。勇敢的高爾基有時候竟然故意和坐在他窗下的特務打招呼，來揭穿他們身分。

有一次，高爾基曾和窗下的特務進行過這樣的交談。

高爾基問：「你是他們派來監視我的，是不是？」

特務說：「您誤會了先生，這怎麼可能呢？」

高爾基繼續問：「你在說謊，你不是一個特務嗎？」

特務說：「我真的不是，上帝可以作證。」

高爾基岔開話題：「你從事這個職業已經好久了吧！」

特務一下子就露餡了，他回答說：「不，才不久。」

儘管高爾基受到這個特務的監視，但在他流放生活中卻並沒有與革命斷絕聯繫。

　　他寫的《在底層》所描寫的是被瘋狂發展起來的資本主義從正常的生活軌道中拋擲出去的一些人。他們像野獸一樣棲身在城郊柯斯狄略夫夜店裡。這裡有小偷、妓女、落魄的男爵、鎖匠、鞋匠、製帽工人及搬運工人等。他們被剝奪了常人的生活權利，失掉了愛情和自由，被活活地埋葬在這個已被煙燻得烏黑的地窖一樣的地下室裡。這個夜店存在的本身，就是控訴資本主義制度犯罪的物證。

　　這部作品是高爾基 20 年來觀察流浪漢生活的真實寫照。劇本告訴人們，像專制俄國這樣摧殘和壓迫人的社會制度，是不能存在下去的。這是劇本的革命意義，它是對資本主義社會的嚴厲控訴，劇本啟發人們「真理才是自由人的上帝」。

　　此後，高爾基同俄國社會民主工黨的革命活動聯繫得更為緊密，他經常同一些馬克思列寧主義小組有來往，還毫不畏懼警察的嚴密監視和迫害，對列寧主辦的《火星報》給予大力的幫助，並為《火星報》籌集資金。

　　12 月，高爾基的第二部戲劇《在底層》在莫斯科藝術劇院上演。這部戲的上演，同樣受到沙皇政府的無情壓制。但它上演後引起的轟動是史無前例的，它是高爾基最優秀、社會影響最大的一個劇本。1903 年 1 月，這部戲在國外的演出同樣引起了轟動，很快演遍了歐洲各國。

　　1904 年，他接著創作出《避暑客》。11 月，高爾基親自出席

發表戲劇佳作

在彼得堡的科米沙爾熱夫斯卡婭劇院進行的《避暑客》的首演。

　　1904 年 12 月，高爾基決定並開始著手建立一個新劇團，這個具有重大政治意義的戲劇團體，將會更好地配合高爾基完成一些抗爭的任務。然而，這之後在彼得堡發生的「血腥星期日」慘案，阻止了這一切的進行。

反對專制暴政

1904 年 2 月，俄國沙皇尼古拉二世窮兵黷武，為了擴大俄國的勢力範圍，在中國的東北同日本進行了一場帝國主義戰爭，史稱「日俄戰爭」。戰爭以俄國的失敗而告終。俄國太平洋艦隊幾乎全軍覆沒，數萬官兵傷亡；中國東北一條由俄國參與修建的鐵路南滿鐵路、中國的旅順和大連，以及俄羅斯最大的島嶼薩哈林島的南部，根據《朴資茅斯條約》出讓給日本。

「日俄戰爭」的失敗進一步暴露了沙皇專制政府的腐敗和無能，同時也加速了革命的進程，各處工人罷工，海陸軍叛變，農民暴動，各種黨派蓬勃興起。

1905 年 1 月 9 日，彼得堡的工人們懷著向沙皇尋求保護的想法去冬宮遊行，他們抬著沙皇的畫像，舉著教堂的旗幟，唱著禱告的歌曲，帶著致沙皇的請願書向冬宮走去。請願書中寫道：

> 我們，彼得堡的工人，偕跟我們的妻室兒女和老弱父母，特來向沙皇請求公道和保護。我們生活困苦，倍受壓迫，擔負繁重不堪的勞動，忍受著欺凌和種種非人的待遇。我們再也不能忍耐，我們活到了可怕的時刻，寧死也不能繼續忍受下去。

然而，沙皇尼古拉二世派出了軍隊，槍殺了這些手無寸鐵的工人。這一天，有 1,000 多工人被擊斃，2,000 多工人受傷。

這就是俄國歷史上有名的「血腥星期日」慘案，這一事件標誌著俄國革命風暴的來臨。

反對專制暴政

　　高爾基是在這個「血腥星期日」的前三天到達彼得堡的。在這個慘案發生的時候，他聽到了開槍的信號，聽到了人們發自內心的憤怒斥責，親眼目睹了這幕流血慘劇。

　　高爾基被這大屠殺的場面深深震驚了，他回到住所，立即寫了《致全國公民及歐洲各國輿論界的控訴書》。

　　在這份《控訴書》中，高爾基痛斥彼得堡大街上發生的事件是一場有預謀的兇殺，他大膽地揭露兇殺的主犯就是俄國沙皇尼古拉二世。他在《控訴書》的最後強硬地聲明：

> 我們再不應容忍這種社會制度了，我們要喚起全國人民，以迅速
> 的手段、堅毅的精神，團結奮鬥，一致反對專制政治。

　　當晚，高爾基在自由經濟學會會址發表了演說。演說中，他指出「血腥星期日」事件意味著俄國革命的開始。

　　高爾基當場為蒙難者及其家屬募捐，並發放了自己帶頭簽名的募捐書和《控訴書》的復件。

　　同一天，他在寫給妻子的信中說：「就這樣，俄國革命正式開始了。我的朋友，為此我向妳表示真誠而鄭重的祝賀。雖然一開始有些人犧牲了，但他們的犧牲不是沒有價值的，因為歷史正在改變顏色，變成新的鮮紅的顏色，那是用鮮血染成的。」

　　第二天晚上，控訴書的手稿，落到了沙皇警察的手中。他們認出這是高爾基的筆跡。

　　高爾基再次被捕了，並於1月12日被押解到彼得羅巴夫洛夫斯克要塞，關進了俄國最大的一所關押國事犯的監獄——特魯別茲克棱堡的單人牢房。

面對沙皇官員的問話，高爾基承認了自己是草擬《控訴書》的執筆者，並且獨自承擔了全部責任。

高爾基的這一次被捕，轟動了全歐洲，因為此時他已經成為一個全歐洲聞名的作家了。

德國報紙給俄國內務部長寄出了一封由 269 名德國作家、科學家、藝術家和社會活動家簽名的信，要求釋放高爾基。法國著名人士雕塑家羅丹、作家法朗士、白里安等也聯名電慰高爾基。

法國作家法朗士在巴黎大會上的一句話說出了群眾的心聲，他說：「高爾基不僅屬於俄國，而且屬於整個世界，全世界都應該起來保護他。」

法國《人道報》收集了大量科學家、藝術家和作家的簽名，抗議逮捕高爾基。

美國輿論界對於俄國與日本作戰及壓迫本國人民的行為也極為反感。「血腥星期日」慘案發生後，高爾基引起了很多人的同情。美國許多報紙也都參加了援助高爾基的活動。整個西歐輿論界甚至為抗議高爾基被捕舉行了一次示威遊行。

此時的俄國剛被日本打敗，威望一落千丈，加之國內財政困難，希望外國能給予援助，所以對各國的輿論不能不有所顧忌，沙皇政府只好再次讓步。

高爾基假釋，但條件是必須交 10,000 盧布的保證金；假釋期間不得外出，隨時在彼得堡聽候審訊。

即使是在監獄裡，高爾基還是寫了新的劇本《太陽的孩子們》（*Children of the Sun*）和《野蠻人》。

反對專制暴政

　　高爾基患有肺病，在被關押期間，他的肺病又發作。出獄之後，他不顧當局的限制，再次去克里米亞養病，但是他還是被憲兵們嚴密地監視著。

　　但就算是這樣，高爾基還是與布爾什維克黨取得了聯絡。

　　這年 4 月，列寧的助手勃魯耶維奇受列寧的委託來拜訪高爾基。他們決定把高爾基和其他幾位《知識》出版社的著名作家的作品拿到國外出版，用來資助布爾什維克黨。

　　夏季，高爾基移居到芬蘭，他在那裡享受到的政治權利要相對大一些。高爾基在這裡可以經常會見一些朋友，其中有著名畫家列賓、批評家斯達索夫、作家安德列夫等。

　　9 月，高爾基來到了莫斯科。這時的俄國革命風暴已經席捲了全國，全俄政治罷工和莫斯科武裝起義把俄國的革命推向了高峰。

　　在高爾基的大力協助下，布爾什維克黨的第一份祕密報紙《新生活報》創刊了，從第六期起該報的編輯便是從國外回來的列寧。

　　11 月，高爾基應邀祕密地去彼得堡會見列寧。11 月 27 日，列寧和高爾基第一次會見。高爾基向列寧講述了莫斯科工人的革命熱情，參加了布爾什維克黨中央委員會的會議，並正式加入了布爾什維克。

　　12 月，布爾什維克開始在莫斯科武裝起義，當時史達林在外高加索也發動了起義。高爾基一直住在莫斯科，為起義者提供資金和機器。

莫斯科武裝起義失敗了。1906 年 1 月，高爾基寫了《致全國工人的信》，這封信的影印稿傳遍了整個俄國。高爾基在信中寫道：

> 無產階級雖然遭到了損失，但並沒被敵人打敗。革命已被新的希望鞏固起來，革命的力量已經充分地成長起來。俄羅斯無產階級正在向著決定性的勝利前進。因為它是唯一一個堅定、自覺、對俄國未來充滿信心的階級。

　　起義失敗後，高爾基隨時會被逮捕。於是，1906 年 2 月，高爾基第一次離開了自己的國家，到異國他鄉去了。

流亡中的使命

1906 年，高爾基祕密從俄國出發，經過瑞典，來到了德國首都柏林。這時的高爾基在德國早已是萬人矚目的焦點人物。

早在 1901 年，德國出版界就曾發生了 6 家出版商同時爭著出版高爾基文集的事情。1903 年 1 月，高爾基的劇本《在底層》在柏林上演時，再次取得了極大的成功。1905 年，當高爾基在獄中生病時，德國報紙曾發出了一封有 269 名德國名人聯合簽名要求釋放高爾基的信。

如此種種，使高爾基到柏林，獲得了德國人民的空前歡迎。

為了迎接高爾基的到來，德國戲劇界的權威劇作家馬克斯·萊因哈特特地舉辦一場以高爾基劇目為專題的公開演出，各個圖書館裡懸掛著高爾基的大幅照片，把他的書陳列在臨街醒目的櫥窗裡。高爾基親自來到戲劇院答謝觀眾，當他的身影出現在舞台上的時候，觀眾一起起立向他致意，並高呼萬歲。

高爾基把演出所得全部捐獻給了國內的布爾什維克，用於革命行動。

高爾基還會見了德國社會民主黨的領袖李卜克內西、倍倍爾和考茲基等人。德國民眾把他作為俄國革命的象徵，而不僅僅是一位作家來歡迎。高爾基作為一個熱情的宣傳者、革命家深深地留在了德國民眾的記憶中。

接著高爾基離開德國，經過瑞士，來到了法國。高爾基到法國是要完成一項艱巨的任務的，他的使命是阻止法國政府借款給

俄國政府。因為俄國政府借款的目的是幫助沙皇政府在日俄戰爭失敗後渡過難關。他的任務就是呼籲法國輿論反對給予沙皇政府幫助。

1906 年 4 月 9 日，法國《人道報》發表了高爾基的呼籲文章，標題是《不給俄國政府一文錢》。

這份呼籲書得到了法國「俄羅斯人民之友協會」的大力支持。儘管法國銀行遭到這樣的抗議，但在政府的支持下，他們仍然同意借款。

於是，憤怒的高爾基傷心地離開了法國，前往美國。

因為他在美國的影響也很大，所以沙皇俄國駐美大使館費盡心機阻止高爾基來美。他們利用美國法律禁止無政府主義者入境的理由，阻止高爾基去美國。

由於他們很難把高爾基算做無政府主義者，所以這一陰謀沒有得逞。在馬克·吐溫的幫助下，高爾基順利進入了美國國境。

高爾基一到紐約，就受到各方面的熱烈歡迎，數百艘滿載著新聞記者的快艇離岸去迎接他所乘的輪船，許多家美國報紙的頭版都刊登了他到達美國的消息。

以著名作家馬克·吐溫為首的一家作家俱樂部還為高爾基舉行了歡迎的盛宴。

高爾基舉行了群眾大會，為俄國革命募集資金。他的行動不斷引起俄國駐美大使館的恐慌。

俄國駐美大使館又使出了新的花招。他們收買了黃色報紙，大肆誹謗高爾基，說隨高爾基來美國的那位夫人不是他合法的妻子。

流亡中的使命

原來，當高爾基和妻子佩什科娃的婚姻在維持了 7 年之後，他們的感情便出現了問題。此後，高爾基又愛上了一名叫做安德列耶娃的女子。

安德列耶娃精通幾個國家的語言，而高爾基只懂俄語，所以高爾基在出國的路途上有安德列耶娃的陪伴，會非常方便。

高爾基和安德列耶娃同居後沒有舉行正式的婚禮，所以沙皇俄國駐美大使館便利用這一點來製造緋聞。

這樣一來，他們卑鄙的手段居然得手了。高爾基在美國的聲譽立即受到了很大的影響，紐約的大旅館都紛紛拒絕租給高爾基和安德列耶娃兩人房間居住。

美國工人和知識分子對於這種迫害表示了極大的憤慨。他們都寫信來安慰高爾基，許多人還邀請他們去自己的家裡去住。

最後高爾基和安德列耶娃接受了當時紐約一位著名醫生的女兒，馬丁夫婦的邀請，搬進了他們的別墅。

因為俄國大使館的迫害，高爾基為革命籌集的資金沒有能夠達到預定的數目。但高爾基絲毫沒有被遇到的困難嚇倒，始終是鬥志不減。他在寫給朋友的一封信中說：

> 無論大使館，資產者、聯盟分子及其他的傢伙們怎樣干擾我，錢還是會有的。要不是讓我跟警察一起帶走，就是我像王子一樣地凱旋離去，二者必居其一。
>
> 啊！他們以為美國又怎麼樣？我要讓他們曉得，俄國人不是好惹的，更何況是高爾基呢！

1905 年的革命運動，提高和加深了高爾基對時代、對無產階級的歷史使命的認識。他對時代的英雄人物的探索也隨之進入了一個更新的、更高的階段。

　　這一切都使高爾基愈加迫切地感到文學必須反映革命現實的英雄氣概，表現新的英雄人物，也使他更加尖銳地感到批判現實主義方法的局限性。

　　在馬丁夫婦的別墅裡，他完成了一部劃時代的劇本作品《敵人》和世界無產階級的奠基之作 —— 長篇小說《母親》的第一部。

　　此外，他還寫了一組痛快淋漓揭露資本主義所謂文明的政論文集《我的會談錄》和《在美國》。其中，《我的會談錄》包括 6 篇諷刺性的抨擊文，即《高舉自己旗幟的國王》、《美國的法蘭西》、《俄國沙皇》等，《在美國》包括《黃色魔鬼的城市》、《無聊的王國》、《暴民》等。

　　高爾基的《敵人》是一個描寫工人「暴動」的劇本，故事以 1905 年初莫洛佐夫工廠發生的事件為素材，顯示了工人群眾的覺悟的提高，揭露了資產階級各派在維護本階級利益上的一致性。這是高爾基繼《小市民》之後又一個寫工人抗爭題材的劇本，而且各方面都比《小市民》更前進了一步。

　　在這之前，在高爾基的作品中，無產階級與資產階級的矛盾主要是以個別人物之間的兩種思維、兩種生活態度的衝突形式表現出來的。《敵人》則是以兩個階級的公開政治衝突為情節的劇本。劇中人物的言行和道德觀念的準則都受到兩個階級根本衝突

的制約。劇中的工人集體是由個性不同、政治思維成熟程度不同的個人組成的。

高爾基的長篇小說《母親》是以 1902 年索爾莫沃被鎮壓的「五一遊行」事件與 1905 年作者自己的革命經驗寫成的。

故事取材於真人真事。「五一遊行」的舉辦者工人札洛莫夫被捕，他的母親安娜繼續兒子的事業。

札洛莫夫被流放後，高爾基又和他通信，每月寄錢給他。1905 年，札洛莫夫從流放地逃回來，專程去芬蘭會見高爾基。高爾基詢問了他的生活和革命情況，並以他們的故事完成了小說《母親》。

小說一開始描繪了陰森森的工廠畫面，在這裡工人們一如既往地過著貧困的生活。老鉗工米哈依爾・符拉索夫被廠主榨乾了最後一滴血悲慘地死去了。他的兒子巴威爾・符拉索夫沒有走父親的老路，在革命知識分子的幫助下，迅速走上了革命的道路並成為工人革命運動的領導者。

巴威爾在自發組織的群眾大會上挺身而出，一方面積極支持和領導工人同廠主進行面對面的說理辯論；另一方面，他向工人群眾宣傳馬克思主義革命思想，號召他們團結起來，自己解放自己。但由於廣大工人尚未覺醒，巴威爾也缺乏抗爭經驗，在演說時過多地講道理。結果，廠主一出現，工人們馬上惶惑地給他讓路，還有人脫帽、行禮。抗爭以失敗結束。當晚，巴威爾被捕了。

小說的另一位重要人物是巴威爾的母親尼洛夫娜。她像千百萬受壓迫的婦女一樣，被繁重的勞動和丈夫的毆打折磨成逆來順

受、忍氣吞聲的人。

丈夫死後，當兒子走上革命的道路時，母親也在兒子以及他的同伴們的啟發、幫助下，逐漸接受革命的真理。沙皇抓不到巴威爾等人的把柄，只好把他們放出來了。

透過監獄生活的鍛鍊，巴威爾進一步提高了覺悟，同時逐漸掌握了抗爭的原則。出獄後他重視做發動群眾的工作。為了把工人運動從自發的經濟抗爭提高到自覺的政治抗爭，五一遊行時，巴威爾高舉紅旗開路，群眾聚集在他的周圍，「像鐵屑被磁石吸住了一樣」。

在遊行的過程中，巴威爾的母親始終與兒子在一起，她也與敵人進行了搏鬥。兒子被捕後，她主動向周圍的群眾宣傳革命道理，這表明她的革命意識已經覺醒。作為一個自覺的革命者，巴威爾的母親開始參加黨所領導的革命抗爭。

她搬到城市，和革命者住在一起，堅決擔負起革命工作，完全獻身給布爾什維克的事業。她常裝扮成修女、小市民或女商販，帶著傳單奔走於市鎮和鄉村。

巴威爾在被捕後遭到審訊，在敵人審訊的時候，他絲毫不畏懼，並且在法庭上發表了義正詞嚴的演說。他大力宣揚布爾什維克推翻專制制度和資本主義制度、進行社會主義革命的政治主張，揭露資本主義的種種罪惡，預言了舊世界的滅亡。這個時候的巴威爾已經成為有高度政治覺悟和理論修養的成熟的革命者。

巴威爾在法庭上的演說及抗爭，更進一步提高了母親的覺悟。

流亡中的使命

　　小說結尾時，母親冒著生命危險去發送印有兒子在法庭上演說的傳單，不幸在車站被暗探圍住。這時，母親勇敢地把傳單發給車站上的群眾。在被捕時，她莊嚴地宣稱：「真理是用血的海洋也撲不滅的。」

　　這部小說高度藝術地概括了 19 世紀至 20 世紀之交的俄羅斯大地上波瀾壯闊的革命抗爭，既表現了工人階級在布爾什維克領導下的迅速覺醒，也描寫了農民流動和農村分化的情景。

　　小說塑造的巴威爾是世界文學史上的第一個成功的布爾什維克典型。而母親尼洛夫娜，一個從逆來順受到終於隨兒子巴威爾走上反抗道路的普通俄羅斯婦女，是感人至深的形象。高爾基透過這個普通母親的形象，寫出了俄國無產階級革命的深度和廣度。

　　在《母親》中，無產階級的革命抗爭構成了作品的主要情節，無產階級革命戰士成了作品的主角，這是世界文學中破天荒的大事。

　　俄國 1905 年革命失敗以後，國內一片白色恐怖，而革命之所以失敗，正是由於很多群眾和工人還沒有覺醒。高爾基在這個時候寫出的讚頌工人革命抗爭、宣傳無產階級的革命英雄主義、堅信無產階級必勝的作品，自然會有力地支持革命。這正是小說的意義所在之處。

　　高爾基開創了新的創作方法。《母親》展示了俄國運動的發生、發展的歷史過程及其必然規律，具有深刻的典型意義和普遍意義。

這部小說首先在美國發表，隨後在歐洲以各種文字出版。它的問世不僅使高爾基在美國和歐洲各國贏得了讀者，也極大地鼓舞了俄國工人階級和世界無產階級。

　　俄國沙皇政府很快發現了《母親》的巨大革命意義，他們封閉了發表《母親》第一部的雜誌《知識》，氣急敗壞地在彼得堡市政廳的公告欄裡張貼了一條布告：

阿列克賽・馬克西莫維奇・佩什科夫系下諾夫戈羅德城原裱糊業公會之手藝人，警局得憑彼得堡地方法院所發之拘票加以逮捕。

　　沙皇政府的這一通告令正式將高爾基列為了俄國的政治要犯，俄國駐美大使館向美國政府施加壓力，以民主自由而稱的美國已經無法成為高爾基的久留之地。經過半年的流亡之後，在1906 年的秋天，高爾基帶著安德列耶娃離開了紐約這座被他稱作是「黃色魔鬼」的城市。

正式會見列寧

1906 年 10 月，高爾基從美國來到義大利，成為一個流亡國外的政治分子。在這裡，高爾基受到了隆重的歡迎。

作為俄國的著名作家，在 20 世紀以來，高爾基越來越受到義大利人民的尊敬和愛戴。當高爾基到達那不勒斯的第一天晚上，他在去劇場看戲時，受到了全場觀眾的熱烈歡迎。

儘管他到達劇場的時候序曲已經開始，但還是受到了注意。音樂立即停止，大廳裡的燈都亮了起來，演員們從幕後走了出來，觀眾也都紛紛起立，向高爾基歡呼：

「高爾基萬歲！」

「俄國革命萬歲！」

「打倒沙皇！」

與此同時，樂隊演奏改為法國大革命期間自由的讚歌馬賽曲，表示對高爾基的光臨的歡迎。劇院經理獻上了鮮花，整個劇院都在向這位遠道而來的客人致以最熱烈的歡迎。

三天以後，這個城市的無產階級組織為高爾基舉行了有數千人參加的歡迎大會。高爾基非常感動，他在大會上致辭：

義大利朋友們：

雖然我不懂你們的語言，你們也不懂我的話，但我了解你們的夙願和希望，你們也同樣了解我的夙願和希望。這一偉大而非同尋常的事實是我們友誼的保證。

你們的歡迎在我看來，並不是對我個人，而是對我的俄國的歡
迎。我只是一名普通的革命戰士，不配享受這樣的榮譽。我把你
們的歡迎看成是對正在爭取自身解放的俄國和世界各國勞動群眾
的歡迎。

在那不勒斯一週的生活，高爾基是幸福的。無論走到哪裡，
他都受到熱烈的歡迎。人們以發表文章、寫信、打電報表示自己
的喜悅。高爾基，就像幾十年前初到義大利的法國傑出的批判現
實主義作家司湯達一樣，把義大利視為自己的第二故鄉。他給自
己的朋友寫信說：

義大利是歐洲大陸一個最美麗的國家。假如我不是一個俄國人，
那麼我寧願做一個義大利人。

高爾基一心渴望參加工作，於是他離開了美麗的那不勒斯
市，選擇了幽靜的卡布里島，定居在那裡，以便專心致志地進行
寫作。

11 月，他完成了《母親》第二部的創作。這後一部的故事講
述的是巴威爾在遊行被抓後他母親的革命和對巴威爾的審判。

隨後，高爾基迎來了他一生的重要時刻，那就是與偉人列寧
的交流。

1907 年 4 月，正在義大利旅行的高爾基接到了俄國民主工黨
中央委員會的邀請，在 4 月 30 日至 5 月 16 日，作為有發言權的
代表出席在倫敦召開的第五次黨的代表大會。

在休息的時候，高爾基總是在教堂的院子裡與一群布爾什維
克工人談話，詢問他們以及工廠裡的情況。

正式會見列寧

　　會議結束後，一個禿頂、矮胖，身材結實，講話時喜歡咬著帶喉音的「阿」字的人走到了高爾基的跟前。他握著高爾基的手，用他那特別明亮的眼睛親切地看著高爾基，熱情地說：「歡迎你啊，高爾基。」這個人就是列寧。

　　雖然這已經是高爾基第二次見到列寧了，但由於上次他正在生病，沒有與這位偉大的人詳談，所以這一次的交流給高爾基留下了深刻的印象。

　　後來，高爾基在他的回憶錄《列寧》裡，專門描寫了在這次會議中與列寧和普列漢諾夫見面的情景。關於他與普列漢諾夫的見面，他這樣寫道：

> 當我被引見給普列漢諾夫的時候，他雙手交叉在胸前挺立著，嚴厲地看著我，有點厭煩，好像一個教書教厭了的教師又看到了新學生一樣。他向我說了一句極其普通的場面話：「我很敬仰您的才能……」在整個代表大會期間，無論是他，還是我，誰都不想推心置腹地交談。

　　關於高爾基與列寧的見面，他這樣描寫：

> 列寧一隻手摸著蘇格拉底式的前額，另一隻手握著我的手，親切地閃動著一雙靈活的驚人的眼睛，立即就談到了《母親》這本書。

　　我說這本書是很匆忙地寫出來的，但是還沒有來得及說明為什麼匆忙，列寧就肯定地點點頭，自己把這個原因說明了。他說我能趕寫出來就很好，這是一本必需的書，很多工人不自覺地、自發地參加了革命運動，現在他們讀一讀《母親》，對自己會有很大的益處。

最後他評價《母親》說：「這是一本非常及時的書。」這是他唯一的，然而對我卻是極其珍貴的贊語。

接著，高爾基又把普列漢諾夫和列寧在大會上的發言做了對比。普列漢諾夫留給他的印象是：

> 他穿著禮服，扣上所有的鈕扣，像一個新教牧師。他堅信他的意見是不可辯駁的，每一個字眼都是極有價值的，就是字句間的每一停頓，也是極有價值的。他很巧妙地向代表們頭上的空氣裡播出流利又漂亮的語句。

而列寧留給高爾基的印象卻是：

> 列寧匆匆登上了講臺，用喉聲喊了一聲，「同志們」。我覺得他不會講話，但過了一分鐘，我也像所有人一樣，被他的演說給「吞沒」了。
>
> 這是我第一次聽到能把極其複雜的政治問題講得如此簡單明瞭……他的演說的和諧、完整、明快和強勁，他站在講臺上整個形象 —— 簡直就像一件古典藝術作品：什麼都有，然而沒有絲毫多餘，沒有任何裝飾……正如臉上的兩隻眼睛、手上的五個指頭似的天生不可少。

在回憶錄裡，高爾基還說出了自己對列寧的主要印象：「這個人的一切都太樸素了，在他身上感覺不到絲毫領袖的氣派。」

透過這次會議，高爾基更深刻地認識到列寧是無產階級唯一的偉大革命領袖。大會以後，列寧和高爾基都旅居國外，接觸的機會更多，關係也更加親密了。

不久，在巴黎一個學生住的公寓裡，高爾基又拜見了列寧。

正式會見列寧

列寧的妻子克魯普斯卡婭為他們每人遞過一杯茶，走出了房間。高爾基是來和列寧討論創建一個新的出版機構的事的。因為當時的《知識》出版社遭到了沙皇政府的查封。

高爾基說：「這個機構要盡可能地把我們的人文包容進去。最好是由伏洛夫斯基來負責國外的編輯工作。由達伊斯尼茲基負責組織工作。我們應該出一套關於西方文學和俄國文學的叢書，還可以有一些歷史文明的書籍。這樣可以供工人們學習……」

高爾基的話還沒有說完，就被列寧打斷了，他說：「高爾基同志，我們必須估計到檢查制度的限制和創建工作的困難。同志們的大多數都在為黨的實際工作所拘束，他們沒有時間來寫。一本厚厚的書只有知識分子來讀。我們需要的是報紙和小冊子。我們要將報紙和小冊子發放到群眾中去。等到時機好轉後，再設法成立出版機構。你覺得如何？」列寧停了停，接著又說：「1905年成立的俄國國會杜馬是大資本家和大地主的黨，他們恥於為十月黨人，他們只有一條路可走，右傾的路……戰爭已經迫近，可能不止一次，是一連串的戰爭……」

他站了起來，做出他的特有的姿態。他的拇指放在大背心的腋下，在小房間裡踱來踱去，他的明亮的眼睛瞇了起來，說：「戰爭正在到來，這是不可避免的。這個資本主義世界已經到了腐爛的發酵的程度，我們即將見到整個歐洲的戰爭。無產階級很難避免這場大屠殺，那麼怎樣才能防止呢？整個歐洲的工人罷工嗎？他們還沒有充分地團結和覺悟。這樣的罷工一定是國內戰爭的開始。我們是現實的政治家，不能指望這個。」

他停住腳步，用鞋底摩擦著地板，憂鬱地說：「無產階級當然會大受苦難，它的命運暫時只有這樣。但是它的敵人將互相削弱自己的力量，這也是不可避免的。」

　　他走到高爾基的面前，好像很驚異似的，用了很大力氣，然而並不大聲地說：「你想一想，吃飽了的人硬要趕著餓肚子的人去互相廝殺，這究竟是為了什麼呢？你能說出比這更愚蠢、更可憎的罪行嗎？工人將為此付出非常重大的代價，但是最後他們會勝利的，這是歷史的意志。」

　　列寧有些激動，他坐下來，擦著額頭上的汗，喝了幾口茶，向高爾基詢問在美國的情況。

　　高爾基說：「很艱難。社會革命黨人知道了我旅行的目的。恰可夫斯基和特洛夫斯基在我還在芬蘭的時候便來看我。他們提議捐款的徵集不應為布爾什維克，而應為『整個革命』。我拒絕了。於是他們派了勃萊希可夫斯卡婭到美國去，這樣各自為政。顯然，勃萊希可夫斯卡婭早為人所知，她的美國朋友曾大肆宣傳過她。沙皇政府的大使館準備了一個話柄中傷我，致使我不得不從旅館裡搬出來，住進鄉下一個朋友的家裡。美國的同志們對在多次集會上捐得的款項處理得也頗『隨便』。整個地說來，我捐得的錢很少，美國之行簡直是一個失敗……」

　　高爾基簡略地敘述著他在美國的遭遇，逗得列寧哈哈大笑。列寧笑著說：「啊！高爾基同志，簡直沒有想到，你還是一個幽默家……」

　　接著他停止了笑，用柔和的語調嚴肅地說：「你能夠用幽默

去對付失敗，這倒不錯。幽默是優美的、健康的調劑。我喜歡幽默，但不善於幽默。生活中可笑的東西大概不比可悲的東西少，的確不少。」

　　兩個人約定第二天再繼續詳談，然而在當天晚上，高爾基開始大口吐血。第二天，他不得不離開巴黎重新返回義大利的卡布里島治療休養。

登上創作高峰

　　卡布里島是一座面積 10.4 平方公里的小島。這座小島是海中的一塊孤岩，是那不勒斯海灣環抱中一塊天然可愛的礁岩。絢麗的陽光，碧藍的海洋，山頭維繞著淡紫色的雲霞，海上飄浮著星星點點的漁舟。海邊是一階階向海中延伸下去的石灘，整個海岸完全被葡萄、蜜橘、檸檬、無花果之類果木的黑沉沉的葉子和橄欖樹的銀灰色的葉子遮蓋著，顯得異常美麗。維蘇威火山在遠處冒煙，海面上散發著魚類和各種水草的氣味，遠處傳來漁夫們陣陣宏亮的歌聲。

　　高爾基愛上了島上的熱情開朗、勤勞樸實、多才多藝的漁民，同時也深深地愛上了這裡的自然景色。他把卡布里稱為「地中海中的瑰寶」，他感覺到了自己身體中高漲的創作熱情。

　　他從清晨起床就開始寫作，每天要堅持工作 14 小時左右。下午 2 點左右，他會休息一會，然後晚上再持續寫作若干個小時。他嚴格要求自己，每天堅持快節奏、高效率的工作。

　　他休息的時候會在島上旅行，洗海水浴和捕魚。晚上有時候會在家裡或朋友家舉行音樂晚會或文學作品朗誦會等活動。

　　在這裡，高爾基寫了大量的文章來對國內思想界與文學界的消沉和變節進行抨擊，如有著名的《個人的毀滅》、《論犬儒主義》等，這些文章均得到了列寧贊同。但漸漸地，尤其是在 1908 年 4 月之後，因為複雜的抗爭，他們的思想有了分歧。

登上創作高峰

　　自從 1905 年大革命失敗以後，俄國社會進入斯托雷平革命時期，在革命派血腥鎮壓下，資產階級知識分子中大批人開始消沉、頹廢、變節。在哲學方面，「批評」、「修正」馬克思主義成了時髦；在藝文界，阿爾志跋綏夫、梭羅古勃、安德列耶夫等頹廢作家的大量革命、黃色作品紛紛出籠。他們辱罵革命，讚美變節，鼓吹淫亂。

　　在這一時期，布爾什維克黨內出現了「取消派」和「召回派」。「召回派」在政治上要求黨放棄公開合法的抗爭機會，召回參加國家杜馬的工人代表，因而被稱為「召回派」。在哲學上，他們攻擊唯物主義，宣揚馬赫主義，大肆歪曲馬克思主義，並提出要尋求和創造新宗教，使馬克思主義和宗教結合起來，提倡「導神論」和「造神論」。

　　當時「召回派」的代表人物波格丹諾夫、巴扎羅夫、盧那察爾斯基等人也寄居在卡布里島。高爾基受了他們的影響，也主張「造神論」。

　　而在高爾基的心目中，盧那察爾斯基等人是知識淵博、極有才華的「大人物」，布爾什維克黨不能沒有他們。同時，高爾基又敬佩、擁戴列寧，他擔心黨內發生分裂，便再三要求列寧在今年 4 月到卡布里來，以便調和列寧與盧那察爾斯基等人之間的矛盾，促使他們「和解」。

　　而此刻的列寧正在緊張地寫作《唯物主義和經驗批判主義》一書，對各式各樣氣焰囂張一時的修正主義思潮進行反擊。列寧明白，這是高爾基思想探索中一個複雜的時期，是他的思想和創

作發展中的關鍵時刻，而對於黨和無產階級來說，爭取高爾基有著十分重大的意義。因此列寧暫時中斷了《唯物主義和經驗批判主義》的寫作，來到了卡布里。

高爾基在碼頭上親自接到了列寧，彼此熱情地打過招呼。在回到高爾基的住處的路上，列寧和高爾基談到了當時的抗爭情況。

高爾基說：「在我的心目中，格丹諾夫、巴扎羅夫、盧那察爾斯基等人都是重要人物，他們受過高等教育，黨內沒有人比得上他們。我認為他們的最終目標是一樣的，如果互相深切地了解之後，是可以消除哲學上的衝突的。」

列寧說：「這就是說和解的希望還是存在著的？」停了一下，他又說：「其實這是毫無用處的。」

列寧一直把對高爾基的態度與其他意見有分歧的人區分開來，他對高爾基採取非常耐心的態度。列寧在卡布里島一共住了6天，每天都在與盧那察爾斯基等人進行激烈的論戰。事實再次向列寧證明，他正在寫的哲學著作有著怎樣巨大的意義，他與馬赫主義者的分歧也更加深了，而列寧在此刻也不能說服高爾基。

這之後，高爾基發表了中篇小說《懺悔》。他在這一部小說中的想法是：社會主義、新世界的觀念都應該成為新的宗教，這種觀念必定勝利。事實上，這是高爾基在創作上嚴重失敗的一部作品。

《懺悔》說明了高爾基仍在堅持造神論的觀念。針對這部作品，列寧給高爾基寫了一封批評的信，但考慮到種種原因，列寧並沒有寄出這封信。但從此以後，他們的聯絡便中斷了。

登上創作高峰

1909 年，盧那察爾斯基等在卡布里島上創辦了一個黨校。高爾基積極投入到創作工作中，並在黨校講授「俄國文學史」課。但是這所學校其實是「召回派」為了網羅黨羽而開的。不久高爾基就看到了這種派別之爭，他憂心忡忡，不知出路在哪裡。他讓布爾什維克革命家米哈伊爾去巴黎，去尋求列寧的幫助。這一舉動改善了高爾基和列寧之間的關係。

1909 年 11 月，在會見了米哈伊爾的當天，列寧就給高爾基寫了一封熱情洋溢的信來鼓勵和幫助這位朋友。在這封信裡，列寧一針見血地指出新黨校的本質，並鼓勵高爾基不要在困難面前被嚇倒。從這時起，他們之間曾中斷了一年半之久的通訊又恢復了。

這時，在資產階級報刊上出現了許多謠言，涉及列寧對高爾基的態度，宣稱高爾基已被開除出布爾什維克。列寧立即寫了《資產階級報紙關於高爾基被開除的無稽之談》，以維護高爾基，進行反擊。列寧在這篇文章中指出：

> 高爾基是一位卓越的天才文學家，他在世界無產階級運動方面已經做過許多的工作，而且還要繼續做下去，這是毫無疑問的。

在列寧的幫助下，高爾基從 1909 年底開始疏遠盧那察爾斯基等人，並在 1910 年與他們徹底斷絕關係。

1910 年 6 月，列寧應高爾基的邀請第二次來到卡布里。

這一次，列寧的卡布里島之行是愉快的，是這兩位朋友真正的友誼的呼喚。

列寧告訴高爾基，《懺悔》發表以後，他寫過一封批評這本小說的信，但最後信沒有寄出。

高爾基回答說：「您不該沒有寄出。如果您早一點讓我明白，我或許就不會犯這個錯誤。」

列寧理解地說：「我一直堅信你會重新回到我們的身邊。」

他們談得真誠、坦率，在許多問題上的意見依然是一致的。

高爾基陪同列寧遊覽了卡布里島上的古蹟：1 世紀羅馬皇帝提庇留宮殿的遺址，14 世紀島上一位封建主建築的修道院等。高爾基講解得極為生動。作為一名文學家，他善於用幾句話就描述出一幅風景畫，或是描述一件事或一個人。他的這一特點使列寧甚為欽佩。

高爾基還陪同列寧遊覽了當地的博物館。因為高爾基對這裡的一些古蹟進行了細緻的研究，所以他能夠詳細地向列寧介紹。

高爾基陪列寧攀登維蘇威火山，目睹冒著滾滾濃煙和氣團的火山口的奇景壯觀，還陪同他參觀了龐貝城的遺址。這個城市在歷史上曾經被維蘇威火山噴出的火山灰所淹沒，埋藏在地下 1,000 多年，直至 18 世紀的時候才發掘出在火山灰下保存的大量的建築物和藝術珍品。

到了晚上，高爾基又給列寧講自己親身經歷的有關俄國和農村的故事。列寧認真地傾聽著，他發現這位朋友有著豐富的生活經驗，羨慕地感嘆說：「我對俄國知道得太少了，辛比爾斯克、喀山、彼得堡，流放地，幾乎就沒有別的了！」

而高爾基，經過了這段時間的相處，更加發現了列寧是「一個極好的朋友，一個愉快的人，對於世界上的一切懷著強烈的無窮無盡的興趣，對人們抱著異常溫和的態度」。

登上創作高峰

　　高爾基跟列寧在南方曬燙了的卡布里石徑上散步，欣賞金黃色的金雀花和漁人們的調皮孩子。高爾基饒有興味地觀察著列寧，他在特寫《列寧》中還生動地描述了列寧在卡布里如何捕魚和島上的漁民對列寧的反映：「他有磁力吸引著勞動者的心靈和同情。他不會講義大利語，但是曾經見過夏里亞賓和其他不少俄國著名人物的卡布里漁民，卻出於某種本能，一下子就對列寧特別看待。他的笑使富有魅力的老漁民喬凡尼・斯巴達洛談到他時說：『只有正直的人才能這樣笑。』」

　　列寧還向漁民學習「用手指」釣魚，即只用一根釣絲，不用釣竿。漁民向他解釋說：「當手指覺得線在晃動的時候，就一定是釣著魚了。這樣『叮咚叮咚』地響，懂得嗎？」

　　列寧立刻釣到了一條魚，他把魚拉起，大叫起來，像小孩一樣歡喜，像獵人一樣興奮地說：「哈哈！『叮咚叮咚』！」

　　漁民們也像孩子一樣快樂地哄笑起來，並親切地稱呼這個漁人為「叮咚先生」。

　　高爾基和列寧在美麗的卡布里度過了許多這樣的快樂時光。他們趣味相投，相互的了解一天比一天深，友情也一天比一天濃。他們互相向對方學習，並相互指出工作上的問題和提供自己的幫助。

　　高爾基把自己的種種創作計劃告訴了列寧。高爾基跟列寧講了許多故事，談到了自己的故鄉，談到了窩瓦河，談到了他的童年和外祖母，談到他的少年時代和流浪生活。

　　列寧專心致志地聽他講，那雙眼睛充滿了真誠與友愛。列寧

對高爾基說：「老兄，你應該把這些全都寫下來！這一切很有教育意義，很有教育意義。」

高爾基立即愉快地回答說：「到時候我來寫！」這段交談促成了高爾基自傳體小說《童年》、《在人間》、《我的大學》三部曲的誕生。

列寧認為在時機不成熟的情況下不要輕易動筆。有一次，高爾基還向列寧談起過關於《阿爾塔莫諾夫家的事業》的創作計劃：「我幻想寫一個家庭的百年史，從 1813 年莫斯科重建開始直到我們今天。這個家庭的祖先是農民，是一個由於在 1812 年立下戰功而被解放的村長，從這個家庭出身的有官吏、神父、工廠主，彼得拉舍夫斯基派、涅恰耶夫分子和七八十年代的社會活動家。」

列寧非常注意地聽著，並提了些問題，隨後說：「嗯！這個主題非常好。當然這是一個難處理的主題，需要大量的時間，但我相信你是能夠勝任的。不過我不知道，你將怎樣結尾？現實生活還沒有給它提供結尾。不是嗎？所以我覺得，這應該在革命以後寫。」

高爾基接受了列寧的勸告，將《阿爾塔莫諾夫家的事業》的寫作推遲了下來。

列寧還勸高爾基放棄他想寫的歷史題材，而指示他去寫政治上急需的東西。列寧說：「目前只能寫類似的《母親》那樣的東西。」

列寧是一個具有敏銳藝術鑒賞力的人。這使高爾基在與他交流時受益匪淺，列寧的許多意見和建議直接影響了高爾基以後的

登上創作高峰

創作。列寧不但成為高爾基在思想上的朋友和導師，也成為高爾基在創作上的朋友和導師。

在這個期間，高爾基還與國內的許多作家、藝術家建立了廣泛的通信聯絡。同時，還有一些革命者也絡繹不絕地來卡布里訪問他；除此以外，還有許多工人、學生及教師。這些訪問給高爾基帶來了極大的歡樂。

這一時期的高爾基，在創作上也是一個豐收期。從 1910 年至 1913 年高爾基離開義大利，短短 3 年內，他完成了長篇小說《瑪特維·克日米亞金的一生》，中篇小說《夏天》、《奧古洛夫鎮》，劇本《最後一代》、《瓦薩·日烈茲諾娃》、《怪人》、《崔可夫一家》，以及《義大利童話》和《俄羅斯童話》等。

在這些劇本當中，中篇小說《夏天》完成於 1909 年，高爾基稱它是《兒子》一書的草稿。

《夏天》表現了俄國農村的覺醒。小說寫的是職業革命家葉果爾·特羅菲莫夫到農村中進行革命宣傳活動。最後葉果爾·特羅菲莫夫被捕了，但全書充滿了革命樂觀主義精神。這篇小說被稱作是《母親》的姐妹篇，但它沒有《母親》的主題深刻。

根據列寧的指示，高爾基寫出了不少有現實意義和政治意義的作品。他構思的以奧古洛夫鎮為中心的三部曲就是這樣的作品。中篇小說《奧古洛夫鎮》和長篇小說《瑪特維·克日米亞金的一生》是三部曲的前兩部。

《瑪特維·克日米亞金的一生》描寫了小市民瑪特維和他父親的一生，從 1860 年代直至 1905 年革命前這半個世紀以來的停滯

生活，以及 1905 年革命後打破了這些死氣沉沉的局面。

《奧古洛夫鎮》則展示了第一次俄國革命時期的小市民世界。1905 年，革命事件波及奧古洛夫鎮，引起了騷動。在氣勢洶洶的小市民瓦維拉·布爾米斯特羅夫看來，「自由」與無賴行為是毫無二致的。

俗氣的馬亞金一家人和富裕的小市民庫魯古羅夫、巴祖諾夫等，唆使布爾米斯特羅夫來騷亂這個安定的鎮子，最後以大血戰結束騷亂。

在小說中深刻揭露的頑固、保守、落後的因循守舊的小市民習氣後來被稱為「奧古洛夫精神」。

高爾基認為，所謂「奧古洛夫精神」是沙皇專制和資本主義制度的產物，這在當時是有很深的政治意義的。高爾基還想寫一部《崇高的愛》作為三部曲中的第三部，但沒能完成。

高爾基的《義大利童話》引起了列寧特別熱烈的反應。這是高爾基唯一一部描寫義大利生活的作品，列寧稱它是「革命的傳單」。

這本書由 27 篇以童話形式寫的美麗的故事組成。它描寫的是義大利的自然景色、人物和生活，從古代傳說、鄉土風情，一直到巷弄瑣事。作品題材新穎，內容豐富，有濃厚的浪漫主義色彩和強烈的革命精神，是高爾基在美學上的新探索。

書中最為有名的是第九則和第十一則，其主角都是母親。第九則童話敘述一位母親歷盡艱難險阻去找侵略者鐵木兒，要求把孩子還給她。鐵木兒終於為她所感動，答應為她找到孩子。

登上創作高峰

　　第十一則童話描寫的是一個大義滅親的母親。她的兒子背叛了俄國、背叛了全城人民，成了圍攻這座城市的敵人的首領。城市被圍困，彈盡糧絕，全城人民都面臨著死亡。

　　母親受到了全城人的敵視和唾棄，她十分痛苦，讓守城人放她出城去見兒子。母親在見到兒子後親手用匕首刺死了他，然後也自殺而死。

　　高爾基在這幾個童話裡淋漓盡致地表現了自己對母愛的頌揚。

　　《義大利童話》雖然寫的是義大利的生活和自然景色，但實際上歌頌勞動者的團結，歌頌改造大自然的歡欣，歌頌對俄國的熱愛，肯定生活就是革命抗爭、就是創造性的勞動。

　　美麗、熱情的義大利給予了高爾基創作的靈感，也為他帶來了和偉人列寧的崇高友誼，使高爾基在創作上始終保持著昂揚的激情。1913 年 3 月，俄國羅曼諾夫皇族舉行當朝 300 週年紀念，沙皇宣布大赦。列寧知道後立即給高爾基寫信，他在信中寫道：

> 我希望你不要以為不該去領受大赦。這是一個錯誤的見解。在目前，一個革命家在俄國內地能做更多的工作。因此，你應該試試回國一趟。對革命的作家來說，能到俄國走一趟，以後可能給羅曼諾夫王朝以百倍的打擊。

　　隨後不久，高爾基又看到了彼得堡的工人們在布爾什維克黨的《真理報》上發表的《致馬克西姆‧高爾基的公開信》，召喚他回國。《公開信》說：

我們深信，與母國民眾交流，與故鄉的接觸對您的創作將是一個
有力的推動。工人階級內部正在成長的力量將為您的創作提供取
之不盡的材料的源泉。

我們深信，您的返國和您的創作活動會增加我們的力量，幫助我
們俄國無產階級擺脫黑暗的醜惡的羈絆。

　　不過，遺憾的是，高爾基此時的病情越來越嚴重了，這使他
不得不推遲回國的日期。從 1896 年以來，高爾基就一直被肺病
所折磨，直到 1913 年秋，他的病情更加嚴重了。他只好去義大
利的北部繼續養病。

　　非常幸運的是，為他治病的醫生成功地運用了新療法，他的
病情很快就好轉了。同時，病中的高爾基也沒有放棄自己熱衷的
寫作。在這一年，他根據自己在外祖父家的童年生活順利的完成
了自傳體小說三部曲的第一部《童年》。

　　這一年 12 月末，高爾基離開了義大利回到他闊別 7 年之久
的俄國，結束了一段異地飄泊之旅。剛剛歸來的他，受到工人、
大學生和知識分子的熱烈歡迎。而沙皇的暗探也隨之監視。

回到俄國定居

　　高爾基回到俄國後，定居在離彼得堡不遠的一個名叫穆斯塔米亞基的芬蘭村莊裡。

　　早在卡布里島時，他就與俄國各地的年輕作家有書信來往，並親自處理來自俄國的向他請教的大量稿件，回國後他更是帶病進行這項繁重的工作，編輯出版了《無產階級作家文集》，為國家培養新人。

　　在這本文集的序言中，高爾基滿懷熱情地說：「當歷史向全世界無產階級敘述你們在革命統治的 8 年當中所經歷和做到的事情的時候，工人世界將會對你們的生命力、你們蓬勃的朝氣、你們的英雄氣概感到驚愕不已。」

　　高爾基對青年作家是十分愛護和關懷的。十月革命前夕步入文壇的謝苗諾夫斯基、弗謝沃洛德·伊凡諾夫、馬雅可夫斯基等都受到高爾基的親切教誨。

　　1914 年 8 月，第一次世界大戰爆發了。這是一場資產階級政府爭奪殖民地和銷售市場的非正義的、掠奪性的戰爭。高爾基創辦的《年代紀雜誌》，主張反對帝國主義戰爭。青年作家馬雅可夫斯基的〈戰爭與世界〉一詩，就是在這個雜誌的文藝欄裡第一次發表的。

　　對於少年兒童的成長，高爾基也一直是非常關心的。1916 年前後，他打算請國內外著名作家為 13 歲至 18 歲的青少年寫一套名人傳記，由他主辦的「帆」出版社出版。

他想請挪威航海家南森寫關於義大利航海家《哥倫布傳》，英國的作家威爾斯寫美國發明家《愛迪生傳》，法國作家羅曼‧羅蘭寫德國作曲家、鋼琴家《貝多芬傳》，生物學家季米里亞采夫寫英國生物學家《達爾文傳》，他自己寫《加里巴傳》。

　　為此，他親自寫信給威爾斯說：「我請您為兒童寫一本關於愛迪生，關於他的生平和著作的書。您會了解，這本書人們是多麼需要，因為它可以教人熱愛科學。」

　　與此同時，他還第一次寫信給羅曼‧羅蘭，從此開始了他們長達 20 餘年的深厚友誼。

　　羅曼‧羅蘭的巨著《約翰‧克里斯朵夫》和《欣悅的靈魂》都從高爾基那裡獲益匪淺。後來，羅曼‧羅蘭曾這樣動情地回憶他們的友誼：「我的根碰到了高爾基的根，兩個人的根在地下親熱地交錯在一起。這會我們這兩個處在歐洲兩端朋友的血都混在一起了。」

　　在這個時期，高爾基繼續寫他的自傳體小說三部曲，並在 1916 年完成了三部曲的第二部《在人間》，並全文發表在《年代紀雜誌》雜誌上。

　　《在人間》描寫了少年的阿遼沙到「人間」謀生的不幸遭遇和艱難的成長過程。像《童年》一樣，作者在對醜惡和不幸的描寫中仍然放射著樂觀和理想的光芒。

　　高爾基的《在人間》比《童年》更廣闊更嚴正地展現了俄羅斯底層人的生活，它是高爾基的又一部優秀作品。民主報刊《新小報》撰文讚揚這部作品時稱：

回到俄國定居

我們某些批評家幸災樂禍地宣布「高爾基完了」已經整整 10 年。

但是高爾基並沒有完，他的著作一本又一本陸續出版。

其中許多作品，如最近出的中篇小說《在人間》，正好說明他具有濃厚的，始終如一的巨大的才能。貧窮、痛苦、人間的不平等，他對這一切都有親身體會，因而他所描繪的圖畫色彩鮮明，既清晰，又引人入勝。

他那準確的、直接來自現實生活的精練的語言，是何等出色！人物的個性特徵刻畫得何等真實，自然風景又是描繪得多麼鮮豔。

之後，高爾基又完成了《俄羅斯浪游散記》。書中包括 29 個短篇，都是根據高爾基年輕時的經歷和見聞寫的。

在《俄羅斯浪游散記》中，高爾基以流浪者講述自己在各地見聞的形式追溯了俄國 1880 年代至 90 年代的生活。高爾基以現實主義的筆觸真實地描繪了充滿殘酷、野蠻、落後的俄國生活。

但在遊記的畫面中使人產生不可磨滅的印象的，卻是關於人民的巨大潛在力量的描寫。遊記以「人的誕生」作為這部作品的第一篇文章，高爾基以絢麗壯觀的大自然和抒發感情的高昂語調烘托出人的誕生的莊嚴性，表達了他對人的讚美，對人的熱烈期望。可以說「人的誕生」是一代新人已經誕生的象徵。

這部作品雖然寫的是 1880 至 90 年代的事件，但是在風格上卻與高爾基的早期短篇有差異。與高爾基的早期短篇相比，這些作品的技巧更為成熟，已達到了一個新的高度。書中的人物也有著獨特的、鮮明的個性。而且幾乎每部作品中都有一個「我」，

這是一個非常值得注意的形象，「我」在作品中肩負著重要的藝術使命。他是事件的積極參加者，而不是消極的旁觀者。作品中的「我」就是講故事的人，他在俄羅斯大地上徘徊流浪，目的是要了解自己的國家。

　　他內心豐富、善於思索，對生活抱有浪漫主義的幻想；他對俄羅斯人民的命運考慮得很多，善於發現人們身上的美好特質，但也不迴避他們的短處。「我」實際上是一個用革命高漲時期的眼光來觀察現實的人。

悼念列寧逝世

1917 年，俄國的二月革命推翻了沙皇專制政權，完成了資產階級民主革命的任務。

4 月，列寧從國外回到俄國，立即提出「一切政權歸蘇維埃」的口號，制定了從資產階級民主革命過渡到社會主義革命的方針。

二月革命以後，像 29 年前在喀山一樣，高爾基再次陷入了一場精神危機。

第一次世界大戰中，國際上有一股主張民主力量與資產階級政府合作的潮流，高爾基也同意這個看法，並撰文宣傳。這遭到了列寧在〈遠方來信〉中的嚴厲批評和責問：

> 「毫無疑問，高爾基是一個偉大的藝術天才，他給全世界無產階
> 級運動作出了而且還將作出很多貢獻。但是，高爾基為什麼要參
> 與政治呢？」

在這一時期，高爾基給情人安德列耶娃的信中說：「我生活在內心矛盾之中，除了藝文工作外，看不到別的出路。」他創辦了一系列藝文單位，對工人農民進行藝文教育，以為這是解決社會危機的途徑。

1917 年 11 月至 1918 年 5 月，他在《新生活報》上發表了一組題為《不合時宜的思想》的文章，表達他的憂慮和困惑，其中不幸言中了後來蘇聯社會生活中的一些悲劇。但他的主要觀點是錯誤的，列寧便下令封閉了《新生活報》。

1918 年 8 月，列寧被社會革命黨人刺傷，高爾基在震驚中認識到自己所持的資產階級人道主義的軟弱和錯誤。他當即去電慰問列寧，並隨後親往看望，承認自己是一個「迷過路的人」。高爾基主動恢復了與列寧的友誼，也走出了精神危機，積極擔任了許多社會工作，進入了新的時期。

　　從 1918 年至 1921 年，高爾基全力從事恢復高等學術機關，團結知識分子，保護文物，出版普及讀物，組織科學研究等工作，為剛剛創建的蘇維埃的文化事業付出了辛勤的汗水。

　　高爾基成功地團結了近百名西歐文學的翻譯家和近五十名東方學者，出版了歐美和東方各國的譯著。高爾基和列寧都重視研究東方問題和思想。在出版目錄中也包括了中國文學作品。1922 年出版了阿列克塞耶夫院士翻譯的《聊齋志異》第一卷《狐媚》，1923 年出版了第二卷《妖僧》，這是蘇俄讀者第一次有機會接觸中國古典文學名著。

　　在工作的間隙，高爾基還在《共產國際》上發表了很多政論，並寫出了《回憶列夫・托爾斯泰》。

　　他還寫出了這位一言千金的托爾斯泰對自己的否定：「再講您的語言，它很巧妙，但過於做作，這是不行的。您在戲裡把自己的話說得太多了，所以您的戲裡並沒有人物，所有的人物全是一樣的。您大概不了解女人，您沒有寫成功一個女人，連一個也沒有！」高爾基就是這樣一個直率的人。

　　辛苦的工作，使高爾基的肺病嚴重惡化。1921 年夏天，高爾基的肺病發展到非常嚴重的程度。

悼念列寧逝世

　　列寧寫信苦勸高爾基出國去治療。儘管這時列寧自己的身體也十分虛弱，他仍然在這年8月9日寫信給高爾基。他在信中說：

馬克西姆·高爾基：

已經把你的信轉給列·波·加米涅夫了。我疲倦得連一點事情都不能做。你在咳血，可是你還不走！唉，你真是固執，也真是不合情理了。

在歐洲的療養院裡，你既可以治病，又可以做出三倍的事情。你還是去吧，去把病治好。請不要固執了，我請求你。

你的列寧

　　11月，在列寧的勸說下，高爾基到德國養病。根據列寧的指示，他在國外的一切費用全部都由國家提供。

　　此時，德國正處於十一月革命被血腥鎮壓後的革命時期。高爾基深感那裡的政治氣候不適於他的健康。年底時他去了捷克共和國的首都布拉格，但捷克政府對他進行祕密監視。這些狀況使高爾基的心情極其矛盾和苦惱。一方面，歐洲各資本主義國家的政府由於害怕十月革命的影響，對他表示懷疑和不信任；另一方面，他的健康狀況不允許他回國。直至1924年到了義大利，他的病情和心情才有了徹底的變化。

　　在德國和捷克的兩年半，在他養病階段完成了自傳小說三部曲的最後一部《我的大學》，以及《回憶錄》、《日記片段》和《1922——1924年短篇小說集》的部分章節。

　　《我的大學》寫主角阿遼沙在喀山時期的生活，結構似乎不如前兩部精緻，但風格還是與前兩部一致的。總體來說，高爾基的

自傳體三部曲不愧是俄羅斯文學史上自傳體小說的里程碑。

自傳體小說三部曲是高爾基的主要作品之一，也是非常成功的傳記作品。它既鮮明地展示了作為主角的作家自己從童年到青年所留下的足跡，又形象地反映出了俄國 1870、80 年代的社會政治面貌，同時把二者有機地結合起來。

因此可以說，高爾基對自傳體小說三部曲的創作，標誌著他在文學創作中一個新時期的開始。

1924 年 1 月 21 日，列寧逝世。他在一生中的最後幾天，還在聽人讀剛剛出版的高爾基的《我的大學》。

得知列寧逝世的消息，高爾基無比悲痛和憂愁。當然，他對此也早有預感。因為列寧在兩年前中風後，身體狀況已經一天不如一天，並很少具體操持和過問國家事務。但是，儘管這樣，列寧的威信仍然是至高無上的，他的話仍然具有權威性。

列寧的逝世對於高爾基是一個最沉重的打擊。在很長的一段時間內，高爾基心中想的只有列寧和俄國。萬分悲痛的高爾基在追悼會上給列寧敬獻了花圈。

在花圈上，只簡單地寫著：「永別了，我的朋友！」

雖然這僅僅是最樸素的一句話，卻包含著高爾基許多難忘的回憶和深情的呼喚。

列寧的去世使高爾基的思維方向發生了深刻變化。回憶與列寧相處的點點滴滴，他感到在與列寧的意見不同方面，列寧都是正確的，而他自己往往是錯誤的。回憶起列寧對他是那麼熱情，而他卻在當時不理解列寧，想來使他更加悲痛萬分。他悔恨自己

沒有很好地接受列寧的幫助，於是發誓要糾正自己的錯誤，堅決走列寧所指的道路，此後果然從未發生動搖。

幾個星期後，高爾基完成了一篇回憶列寧的文章，但他本人對它卻很不滿意。1930 年，他再次動筆作了很大的修改，並擴充了許多的內容。6 月，他改寫完成，這就是著名的回憶錄《列寧》。

在《列寧》裡，高爾基傾注了他的全部崇敬與熱情。全書共有兩部分：第一部分寫革命前高爾基與列寧在倫敦、巴黎、卡布里的會見；第二部分寫十月革命後兩個人之間的接觸。

這部回憶錄受到了高度的評價。奧地利著名作家茲威格寫信給高爾基，信中他說：

「在全部當代文學裡，我不知道有任何作品可與您描繪的列寧和托爾斯泰的肖像並駕齊驅。這是唯妙唯肖的兩幅肖像，唯有它們將流芳千古。」

對高爾基來說，列寧是一個嚴厲的老師，同時也是一位體貼入微的朋友。回想起列寧對自己的幫助，高爾基的心中就充滿著感激與懷念。他把這種情感化為工作的動力，以百倍的熱情投入了生活和創作。

1925 年，高爾基完成了列寧的遺願，寫出了醞釀已久的《阿爾塔莫諾夫家的事業》。

《阿爾塔莫諾夫家的事業》共 4 部分，是高爾基晚期創作中最卓越的作品之一。在作品中，高爾基以其天才的藝術描繪，透過這一家三代人興衰的歷史，形象地說明了俄國資本主義產生、發

展和衰亡的全過程，描繪了農奴制改革後和十月革命前的半個多世紀的俄國社會生活的獨特歷史風貌。

阿爾塔莫諾夫家族的第一代老伊里亞是家族事業的開創者，原是拉特斯基公爵家裡的農奴，做過喬治公爵田莊的總管，到農奴解放的時候脫離了公爵，得到了一筆酬勞金，決定開一個麻布廠，創辦自己的事業。

老伊里亞精力充沛，能夠衝破一切阻力，推進「事業」，把自己的意志強加給別人。他開麻布廠，需要亞麻，可是人們說，這裡的農民不種亞麻，這時他就說：「那要叫他們多種。」

老伊里亞是俄國第一代資本家，是俄國資產階級上升時期的代表。他展現了資產階級上升時期那種所向無敵的創業精神和作為一個掠奪者的血腥本質。

就在阿爾塔莫諾夫家這一家「事業」蒸蒸日上之際，老伊里亞在抬鍋爐的時候，因用力過猛血管破裂而死。

老伊里亞死後，他的大兒子彼得勉為其難地接替了父親的工作。彼得是個無能的人，他把父親創下的事業看做是對自己的束縛。他心底一直幻想著回到農村裡，去過閒適的莊園生活。

彼得的弟弟阿列克賽是自由資產階級的代表，他比彼得精明得多，他力圖用歐化改革和自由主義的空談來鞏固自己階級的統治。但他生活在資本主義走向沒落、無產階級登上歷史舞台的時代，他的努力也是徒勞的。

彼得的另一個弟弟尼基塔是個駝子。他對事業也沒有興趣，他的能力只限於做些整理花園之類的工作。自從彼得娶回納塔利婭之後，尼基塔就偷偷地愛上了她。但他自慚形穢，不敢向納塔

利婭表白。終於有一天，他忍受不了了，上吊自殺。彼得和家中的掃院人吉洪把他救了下來。後來，尼基塔自願去了修道院。

阿爾塔莫諾夫家的第二代人只是維持著事業的發展而已。

阿爾塔莫諾夫家的第三代生活在資本主義垂死的時期。他們不僅比祖父一輩，而且比父親一輩都渺小得多，他們是個性毀滅最好的證明。彼得的小兒子亞科甫吃飽就睡，過著動物式的生活。十月革命風暴中，他從家裡逃了出去，在火車上被人痛打一頓，像廢物一樣被扔到車廂外面去了。

在這個家庭中，唯一具有優良品性的是彼得的大兒子小伊里亞。他背叛了自己的家庭和階級，走上了革命道路。高爾基透過他的道路指明，出身剝削階級家庭的人唯一的出路是背叛家庭，參加革命。

另一方面，這部作品還寫到了工人階級的成長。由階級意識尚未覺醒到不滿情緒，在 1905 年革命風暴的影響下，先進工人在無產階級政黨領導下組織起來，聚會、學習、開展革命活動，最後接管了阿爾塔莫夫家的「事業」。

這部作品是高爾基對 26 年前開始的以《福馬‧阿爾傑耶夫》為起點的對俄國資本主義的探索的總結，是俄國資產階級興亡的歷史畫卷，高爾基塑造的伊里亞的典型形象豐富了俄羅斯文學的人物畫廊，彌補了這一典型形象的空白，標誌著他的創作的新的高峰。

病中堅持創作

1924 年 4 月，高爾基從捷克前往義大利的療養。

儘管高爾基還想前往義大利的卡布里島，但此時的義大利已經是一個政權日益法西斯化的國家了，法西斯領袖墨索里尼於 1912 年上臺後，已經把卡布里島列入了法西斯化的管理。

高爾基只好帶著家人定居於海灣南部的蘇連多。

蘇連多位於卡布里島對面的陸地上，那裡風光旖旎，是著名的療養區。

就像高爾基第一次到義大利那樣，他又受到了當地人民的熱烈的歡迎，許多報刊也登載了他到達的消息。

有的人寫信給高爾基：「我與全體義大利人一道很高興地獲悉我們偉大的客人又回到了我們的國土上，回到了熱愛著您和您的愛國主義精神的國家。我和大家共同希望蘇連多的氣候條件會對您寶貴的健康有很好的改善。」

然而，蘇連多依然擺脫不了法西斯的控制，他親眼目睹了法西斯分子對民主力量的迫害，這讓他難過不已。

本來，高爾基這次來義大利並不打算久留。他以為這裡的氣候會使他很快地恢復健康，但事實並非如此。他的身體狀況使他無法實現最初的想法，他需要較長期地留在蘇連多。

可令高爾基氣憤的是，墨索里尼政權也沒有放過他。

1925 年 9 月，發生了一件極為惡劣的事。義大利的警察趁高爾基外出時，搜查了他的家。

病中堅持創作

高爾基當即給墨索里尼寫抗議信：「假如義大利警察當局認為我在蘇連多的停留會對義大利有所妨礙，那您為什麼不直截了當地告訴我呢？」

墨索里尼政權的迫害引起了全體義大利人民極大的憤慨。因為高爾基是他們「偉大的客人」，他們熱愛著他的思想，他的愛國主義精神一貫為義大利人所深深敬佩。

高爾基在世界大眾心目中的聲望迫使墨索里尼不得不有所收斂。

最後這件事以墨索里尼大失臉面地向蘇俄大使做出今後不再發生類似的事件的保證作為了結。

來到義大利的第一年，高爾基深居簡出。與外界接觸較少，這與當時的政治形勢有一定關係，同時，高爾基也想集中精力來從事寫作。

高爾基每天寫作達十多個小時，到蘇連多後僅僅四個月就完成了《阿爾塔莫諾夫家的事業》的初稿。在此後的半年時間，他又對這部小說做了兩次修改。

儘管高爾基想集中精力寫作，但從他到達蘇連多的第二年起，他就開始廣泛地與外界聯絡。

在蘇連多休養期間，高爾基關心俄國發生的一切重大事件，對年輕的蘇俄文學的發展特別關注。他閱讀了大量的新書、報刊上的廣告和大量的手稿。

他在讀了俄國青年作家列昂諾夫、費定、吉洪諾夫、巴別爾等人最初寫的一批作品之後說：

「在年輕的俄羅斯文學中，使人感興趣和有才華的人大有人在。我國人民極有才華！每座城市都有一個『初學寫作者』小組，幾乎每個小組都有一兩位使人能寄予很大希望的人物。這是一個非常可喜的現象，它說明我國文化藝術事業的不斷壯大。」

高爾基將資本主義和社會主義的文學進行對比，得出一個結論說：「我國文學比歐洲文學更加饒有興味，更為豐富多彩。」

高爾基與俄國的幾十位青年作家都經常通信。給他寫信的人有從事各種職業的人，不僅有一大批久負盛名的作家，或者初露頭角的作家，而且還有大批的工人通信員、農民通信員，甚至是普通的社會主義建設者。

這些人每天從全國各地給高爾基寄來大量的書信、手稿、文學作品，提出各種要求，像對待自己的老師或朋友一樣談論自己的工作。高爾基每天收到的書信達四五十件之多。

一天清晨，他打開窗戶，一邊呼吸著窗外的新鮮空氣，一邊開始拆閱桌上沒有讀完的信件。

高爾基隨手拿起一封集體農場農民通信員給他的來信，只見信中寫道：

在鄉村裡是很困難的，富農和他們的幫手非常之妨礙工作，他們誘惑貧農離開集體農場，拒絕交出糧食給國家。然而我們知道，我們一定要達到自己的目的。不但我們這裡，就是在外國也是一樣，而現在受著的艱難和困苦，將來回憶起來可能會不相信呢。是的，我們的生活有時候是有點困難，但我們可以自豪地說：「事業進行得很快，貧農了解我們的布爾什維克。」

病中堅持創作

　　這封樸實、真摯的信，令高爾基心潮澎湃。他迎著初升的旭日，揮筆寫下了一封熱情洋溢的回信：

　　要使得蘇俄 1.62 億人民之中，每一個人都有輕鬆的、健全的、理智的生活所必需的一切，要使得人不會為著一塊麵包互相掐住了喉嚨，要使得每一個農民和工人都覺得自己是國家和國內的無數寶藏的主人，就必須要在布爾什維克的旗幟下勇敢前進。

　　寫完信，高爾基把幾頁信紙撕下來，放進一個信封裡，在信封上工整地寫下了幾個字：

　　親愛的田野裡的突擊隊員收

　　接著，高爾基又拿起了筆，寫了另一封長長的回信。他寫道：

　　讀了你們的信，心裡又快活，又難過。快活，因為時常有你們這樣親愛的信寫給我，都是工人寫的，建設新世界的人寫的，從全地球寫來，甚至於從蘇俄的地底下，頓巴斯的礦業區裡寫來。
　　看，有許多人寫給我信，可見我對於工人是有用的，我對於他們總有點什麼益處。這當然使我高興，也給我增加工作的力量。

　　在這一時期，高爾基還孜孜不倦地用書信的方式指導著蘇俄新一輩的作家們，就像他在十月革命前夕對待謝苗諾夫斯基、弗謝沃洛德・伊凡諾夫、馬雅可夫斯基等作家那樣。

　　1925 年，蘇俄青年作家富爾曼諾夫的中篇小說《恰巴耶夫》和《叛亂》發表以後，文學界一片讚揚。但是，高爾基卻給作者寫信說：「作為一個讀者，會認為你的這兩部小說很有意思，也頗有教益。可是，作為一個作家，我卻認為這兩部作品的藝術價值都不太高。」

高爾基寫道：「原因或許是你寫得匆忙，寫得草率。你像一個目擊者在講述，而不像一個藝術家在描繪，因而在故事中出現了大量完全無用的細節。可是除此以外，在描述中，在對人物個性的刻畫中，也能感覺到你的真實本領，你的抓住主要的、有代表性的東西的本領。

　　「這已經是才華的證明、才能的標誌。這可以大大博得讀者對你的好感，可是也使我有權力向你提出嚴格的要求。你是能夠和應該寫得更好的。為了這個，你首先一定不要相信廉價的讚許，不要迷醉於成功。你不應該把這種成功歸功於自己的才能，而應該歸功於素材的重要意義。你實際上把這些素材處理得並不好。」

　　在信的結尾，高爾基語重心長地說：「文學也是戰鬥，這戰鬥比手持步槍的戰鬥更加困難得多。」

　　富爾曼諾夫收到這封信後，立即給高爾基回寫了一封長信，表示對高爾基真誠的感謝。

　　富爾曼諾夫說：「在您的信中有許多鼓勵我的話，這些話對我來說有如活命的水。」

　　他還在自己的日記中寫道：「這是多麼難以形容的快樂啊！馬克西姆·高爾基親自給我來了一封信。這不是一封讚揚的信，恰恰相反，高爾基更多的是責備，是指出缺點。可是我在讀完這些令人振奮的辭句以後，卻感到了怎樣的力量啊！」

　　1926 年 3 月，富爾曼諾夫不幸病逝。他的妻子遵照遺囑將他最後一部特寫集《海岸》寄給高爾基，她在信中問道：「富爾曼諾夫成長了嗎？《恰巴耶夫》和《海岸》之間有什麼區別嗎？」

病中堅持創作

　　高爾基在回信中說：「這本特寫集文筆樸實、言辭簡潔，描述得很有分寸。富爾曼諾夫的逝世，使我們失去了一位可以迅速在文壇上佔有光榮地位的人。他的逝世使我痛心。在我國，有價值的人死得太容易和太早了。」

　　為了得到俄國更多的消息，高爾基還經常邀請在外國旅遊的為數不多的蘇維埃作家到他在蘇連多的家中做客。

　　一天，作家伊凡諾夫被邀請來訪。席間，伊凡諾夫談起義大利的天氣和義大利人的樂觀個性時，表示很是欣賞。高爾基卻表現得很是不以為然，他說：「通常義大利人是快樂的，他們溫柔、健談、可愛，有悅耳的歌喉。但義大利法西斯分子令人厭惡。和他們生活在一起越來越難。親愛的朋友，我請求讓我回到俄國，是的，我請求回國。在這裡生活真令人煩惱，義大利的氣候也讓我難以忍受。」

　　高爾基的思鄉之情溢於言表，他無限眷戀著俄羅斯的大地和人民，他渴望著能夠早日再回到俄國的懷抱。

　　1928 年 3 月，高爾基 60 歲了。雖然他本人這時不在國內，但蘇俄政府卻為他舉行了盛大的 60 週年誕辰紀念活動。

　　在活動中，國內的文學青年舉行了相關的演講和文學比賽，場面非常熱烈。

　　高爾基在義大利的蘇連多也接到了各方面的祝詞和各報以及各種著名週刊為他壽辰所發的專號。

　　他雖然對這種鋪張的慶祝行為並不讚賞，但在他進行文學創作 35 年之際，能夠受到大眾如此隆重的慶祝還是使他感到很欣慰。

大眾對他的祝賀，不僅僅把他看做作家，更把他看做是一個朋友。他和世界上的許多名人一樣，受到了國家、公共機關，以及各種民眾團體和個人的崇敬和祝賀。

高爾基繼續收到俄國各地發來的信件，他已經成為了蘇俄人民群眾崇拜的偶像。工人、農民和知識分子從遙遠的俄國向他表達了愛戴之情。詩人葉賽寧在信中寫道：「整個蘇維埃時刻掛念著您，他們在想，您在哪？身體怎麼樣了？您的健康對於我們是十分寶貴的。」

隨著時間一天天地過去，高爾基對俄國的思念也變得越來越強烈，他無法忍受義大利法西斯分子喧囂的遊行，義大利的明媚陽光也讓他感到焦躁不安。

等他的身體恢復得差不多的時候，他開始做回國的準備，但讓他唯一放心不下的是他的長篇小說《克里姆·薩姆金的一生》，他擔心回國以後，就會中斷這部作品創作。他在給朋友的信中說：「我何時回俄羅斯？何時寫完這部已經開了頭的長篇小說？我可能需要一年的時間才能寫完。」

儘管這樣，高爾基的思鄉之情終於戰勝了理智，在 1928 年春天，當他剛寫完《克里姆·薩姆金的一生》第二部的時候，他終於中斷了寫作，於這年 5 月離開了蘇連多，踏上了回家的路。

再次回到故鄉

1928 年 5 月 20 日，是個春光明媚的日子。這一天，高爾基到達了闊別 7 年之久的俄國。

這時的俄羅斯已與高爾基離開時完全不一樣了，黨的總書記史達林取代了去世的列寧成為了國家元首。俄羅斯蘇維埃聯邦社會主義共和國在 1922 年已經正式更名為蘇維埃社會主義共和國聯盟。

高爾基返回蘇聯，成為蘇聯報刊的頭條新聞，工人、農民、知識界都對他表示了熱烈的歡迎。

在通往白俄羅斯車站的大街小巷，到處擠滿了高舉旗幟，或者拿著彩色氣球、捧著鮮豔花朵的歡迎人群。

歡迎人群中既有紅軍戰士、工人，又有作家和學者。當高爾基走出車廂的時候，千百隻手向他伸過來，把他舉了起來。

高爾基在給《真理報》的文章中表達了自己的無限欣慰：

> 我不知道，曾幾何時，在什麼地方，是否有過一位作家曾受到讀者這樣親切、這樣欣喜若狂的歡迎。這種喜悅使我十分震驚……我不是個狂妄自大的人，我認為我的工作不應該受到如此高的評價。

在這個特別會面中，最重要、最令人愉快的就是我之所見所感。蘇維埃年輕人能夠欣賞、讚美工作，這就是說，他們懂得並感受到了他們準備和正在進行的事業的深刻意義及其國際與世界意義。

史達林親自在莫斯科為高爾基找了一幢房子，離克里姆林宮很近，這原是一位百萬富翁的豪宅。這裡很快成為蘇聯領袖和藝術家、作家們聚會的地方。

　　從到達莫斯科的那天起，高爾基就被無數的接見和參觀所包圍，他參加了數不清的歡迎會，有一次，他在會上說：「我覺得我離開俄羅斯似乎不是 6 年，最少是 20 年。在這段時期，國家變年輕了。我有這麼印象，似乎年輕的新生事物正在舊事物中、在舊事物的包圍中成長……這就是我所見到的，我看到一個年輕的國家。在此期間，我本人也變得年輕了。」

　　高爾基回國後立即去陵墓瞻仰了列寧的遺體。在列寧的水晶棺前，他默默地站立了半個小時。在這半個小時中，他思考了很多很多，他想起了列寧的那句話：「誰不跟我們站在一起，誰就是反對我們，超然於歷史之外，那只是幻想……」

　　高爾基在回國的第三天，就開始積極地投身到蘇維埃文化建設的工作中去了。

　　他提出一項建議：創辦專門登載特寫的大型雜誌《我們的成就》。

　　高爾基認為，蘇聯勞動者應該樹立一面鏡子，他們在這面鏡子中不僅能見到自己某一方面的成就，而且應該看到科學、文化、生產各個方面的成就。

　　高爾基還親自到街頭去觀察生活。為了使自己不被群眾包圍，他有時還會進行化裝改扮。他穿上舊大衣，貼上大鬍子，戴上假髮，打扮成一個工人模樣，走在大街小巷，到市場上，與工人們談話，誰也沒有認出他來，他卻觀察到許多有趣的事情。

再次回到故鄉

回國後不久，高爾基接到全國各地發來的邀請函，希望他能夠去參觀訪問。

其實他早就有一個旅行全國的龐大計劃，所以他在這一年 7 月，便離開了莫斯科，開始了旅行。

高爾基首先想看看他年輕時曾經徒步旅行過的那些地方。他遊歷了窩瓦河、高加索、克里米亞和烏克蘭等地，最後來到了自己的故鄉下諾夫戈羅德。

他在這裡出生，在這裡長大，還曾在這裡乞討，備受欺凌。如今，家鄉如同接待貴客一樣來歡迎他，回憶往事，讓他感慨萬分。

高爾基所到之處，人們向他展示了新開墾的土地、鄉村的閱報亭和無線電廣播、新設的學校、剛剛建成的工廠、工廠的俱樂部和劇院，到處都是以他的名字命名的街道、廣場、孤兒院、車站。

最讓這位一輩子都在漂泊和流浪的老「流浪漢」感到欣慰的，是他在所到之處看到和感覺到的人們對他的愛戴。食品工會、建築工會、郵電工會等各式各樣的社會團體選他為名譽會員，軍人們還送給他一支步槍。

在這一路上，高爾基總是情不自禁地重複著一句話：「真是不可思議，真是太神奇啦！」

有些人認為這是高爾基的故意誇張，他對那些懷疑他的人解釋說：

「你們在國內習以為常，熟視無睹，生活在日新月異的環境中，感覺不出翻天覆地的變化。這種變化，在每一條街道上都看得出，甚至從每一個行人身上都能看得出，他們走路的樣子，也和10年前不同了。」

1928 年夏天，高爾基又開始了第二次旅行，他先到北方的彼得堡，後又去了索洛夫卡和穆爾曼斯克等地。然後他沿窩瓦河南下，到了史達林格勒、阿斯特拉罕，隨後還到了羅斯托夫、第比利斯等一些地方。這兩次旅行，高爾基幾乎遊遍了他的國家。

總之，他所看到的是社會主義制度所顯示出的巨大威力。那些在舊俄國生活在社會底層的老百姓們已經全然沒有了曾經的木訥呆滯的神情，變得神采奕奕、精神煥發。

原來高爾基所熟知的黑暗、野蠻、低俗、下流，都被種種文化進步的現象所代替：土庫曼民族婦女和烏茲別克民族婦女紛紛摘掉了數百年來蒙在她們臉上的面紗；教養院中昔日的妓女和犯人正在認真地學習勞動技能。

高爾基把這些印象和事情都寫進了反映俄羅斯新面貌的特寫中去。還在國外時，他就嚮往著「寫一本關於新俄羅斯的巨著」，但這個計劃一直沒有完成。

回國後，當他參觀完了這些地方，他立即著手寫作《蘇聯遊記》、《英雄們的故事》和許多政論文。可以說，這些作品都是他「關於新俄羅斯的巨著」的一些片段。

《蘇聯遊記》共包括 5 篇特寫。這本書在結構上的特點是把新的蘇維埃國家和過去的沙皇俄國進行對比。

再次回到故鄉

高爾基這樣做是有目的的。他在這本書的序言中說：「我是新與舊的抗爭的見證人。我在歷史的法庭上，面對著勞動青年提出我的證詞。他們對於過去的悲慘情況知道很少，所以對今日的情況常常過分輕視，甚至認識不足。」

這部作品的第一篇特寫開頭就是對舊俄時代巴庫的描寫，第二篇特寫集中描寫兒童的成長，第三篇特寫描繪了第聶伯河水電站。

在《英雄們的故事》裡，高爾基描寫了最普通的人物紅軍戰士和男女集體農莊的農民，表現出他們為建設新生活辛勤勞動的高度熱情。

高爾基以自己的真摯情感，在作品中號召蘇維埃的全體人民熱愛俄國，以創作性的勞動建設自己的新國家。他寫道：

> 在這樣一個國家裡生活和抗爭是十分愉快的。在這裡，具有鋼鐵意志與智慧的領袖領袖約瑟夫·史達林，永遠使人類擺脫了舊日萬惡的習慣和偏見。
>
> 朋友們，大家和諧地生活在一起吧，熱愛你們第二個母親、我們的強大社會主義俄國吧。

與高爾基的特寫和短篇小說緊密相聯的，還有他的政論文。高爾基在十月革命前雖寫過不少這類文章，但他從 1928 年回國後寫的政論文是他一生中最盛的時期。

高爾基的一生共寫了大約 1,400 篇的政論。他的政論，觀察敏銳，文筆老練，直截了當，充滿激情。

在他生命的最後四年裡，他的藝文思維更成熟了。他的最重要的文學論點是「文學就是人學」。

1930 年代，在高爾基的倡議、主持下，蘇聯出版了許多重要的歷史和文學叢書，社會政治和文學刊物，如《內戰史》、《工廠史》、《詩人文庫》等叢書和《我們的成就》、《文藝學習》等刊物。

在這個階段裡，他的文學理論與批評活動的一個重要的內容是關於蘇聯文學創作原則的探討。

早在革命前，高爾基就開始對無產階級文學的特徵進行探索，提出新文學的創作方法應以現實主義與浪漫主義相結合為基礎。革命後，他根據蘇聯的社會主義現實生活和文學創作所提供的實際經驗，對蘇聯文學的任務和方法等一系列原則問題從理論上作了闡述。

直至 1930 年代初，高爾基仍然試圖從現實主義與浪漫主義的結合中尋找形成蘇聯文學創作方法的途徑，從而為後世的文學創作提供一定的理論依據，這一階段的創作正好彌補了他的這個缺憾。

榮獲崇高榮譽

1932 年 9 月 25 日是個非同尋常的日子。儘管這不是什麼節日，但在這一天，為了紀念高爾基創作 40 週年，蘇聯人民在莫斯科紅場舉行了前所未有的慶祝典禮。

出席此次慶祝大會的有蘇聯國家領導人，蘇聯文學界、藝術界、戲劇界、各社會團體和企業的代表，各國使領館官員，以及首都各大報的記者。在主席臺上就座的有史達林、加里寧、莫洛托夫等蘇聯國家領導人。

在慶典上，蘇聯最高領導人史達林親自下令將高爾基的家鄉下諾夫戈羅德城正式更名為「高爾基市」，同時授予高爾基蘇聯政府最高獎賞「列寧勳章」，將莫斯科藝術劇院更名為高爾基劇院，並在各級學校設立高爾基獎學金。

高爾基出生在下諾夫戈羅德城市，並在那裡度過了他的少年時代，當聽到這個消息後，高爾基萬分激動。

他快步走上領獎臺，全場立即響起了熱烈的歡呼。

人民教育委員波波諾夫代表蘇聯全體文化教育工作者和百萬青少年學生，向高爾基表示崇高的敬意，稱他為社會主義文化所做的努力是整個勞動人民解放事業的一部分。

在觀眾的歡呼聲中，高爾基一邊答謝，一邊激動地流下了眼淚。

在發言中，高爾基勉勵青年要按照列寧的教導去指導自己的行動，他說：「學習！學習！再學習！因為青年人只有掌握知識才能樹立起對真理的信仰，而這種信仰是改造舊世界的有力武器。」

從這一天起，在一週之內，全蘇聯各大劇院同時上演高爾基的戲劇作品，各個影院放映以他的生平為素材的電影《我的高爾基》；國內各個城市、鄉村的街道，圖書館、文學團體、研究院所、工廠、農莊以「高爾基」命名的不計其數；世界各國的文學團體，都相繼舉行有關高爾基的晚會，出版高爾基專刊。

同一年，蘇聯中央頒布了改組文學藝術團體的決議，取消了當時存在的所有作家團體，把一切擁護蘇維埃政權的綱領和渴望參加社會主義建設的作家團結起來，成立統一的蘇聯作家協會。

高爾基被選為作協組織委員會的名譽主席，成為蘇聯作家協會的組織者和領導者。

在蘇聯作家協會，高爾基進行了大量的創建工作，並在許多發言和文章中總結了自己的創作實踐和蘇聯文學的經驗。他的這些活動，對蘇聯文學的發展有很大的意義。

為了報答俄國人民對自己的厚愛，高爾基在回國期間還寫了許多劇本，將新生的蘇聯帶入「緊張的戲劇性時代」。

在這一時期，他寫的劇本有《索莫夫等人》、《耶戈爾·布雷喬夫等人》、《陀斯契加耶夫等人》。同時，他還寫作了以改造流浪兒為主題的電影劇本《罪犯》，又把自己的自傳三部曲第二部《在人間》改編成劇本。在生活的最後一年，高爾基還改寫了劇本《瓦薩·日烈茲諾娃》。

榮獲崇高榮譽

　　高爾基本打算寫戲劇三部曲，內容是反映十月革命前夕至 1930 年代這個時期資產階級的沒落，但非常遺憾的是他只完成了前兩部，即《耶戈爾‧布雷喬夫等人》和《陀斯契加耶夫等人》。

　　《耶戈爾‧布雷喬夫等人》是以 1917 年 2 月資產階級革命前夕的俄國社會為背景，成功地刻畫了一批俄國社會的代表人物。

　　在這些人物當中，最突出的是「聰明放肆、膽大妄為」的巨商布雷喬夫的形象。

　　布雷喬夫原來是窩瓦河上的一個木排工人的兒子，年輕時是老闆的員工，後來娶了老闆的女兒，開始起家，又靠著自己進一步的剝削和掠奪，變成了一個企業主。

　　後來，他患了肝癌，疾病迫使他重新評價自己的一生，他覺得自己被生活欺騙了。同時當他看到比他還厚顏無恥的人，反而生活得很舒服，於是他認為自己的死是最大的不公平，對命運提出了憤怒的抗議，並進一步揭露資產階級的罪行。

　　布雷喬夫看透了虛偽、腐朽、醜惡的資產階級生活，意識到整個資本主義社會就像他本人一樣，已經不可救藥。

　　這個人物是高爾基筆下一系列背叛自己階級的商人形象中最完美的一個。

　　在布雷喬夫的周圍，主要有兩種人。一種是千方百計維護統治地位、對抗革命的資產階級分子，包括革命教士、地主、資本家、律師。女修道院長米拉尼雅認為必須用暴力鎮壓「造反的愚民們」，她引用某大主教的話：「從聖經的時代起，治理人民的手，就是用寶劍和十字架武裝起來的。」

更值得注意的另一種人是無孔不入的商人、政治野心家陀斯契加耶夫。他眼見沙皇政權快要垮台，想像美國那樣由「老闆們自己掌握政權」。他看到布雷喬夫的病況嚴重，便溜掉了。他聽到革命隊伍湧上街頭，便連忙混入遊行行列，以便日後從革命隊伍內部來破壞革命。這是一個陰險、狡猾的人。

布雷喬夫周圍的另一種人，卻是革命無產者和進步群眾。他們同垂死的資產階級進行堅決抗爭。

布雷喬夫的教子拉普捷夫是一個堅定的地下革命工作者。他在劇本中雖然出場的次數不多，但這個布爾什維克的光輝形象卻給人留下深刻的印象。

布雷喬夫的雇工多納特、知識分子嘉欽都是拉普捷夫的忠實助手。布雷喬夫的私生女舒拉和女僕格拉菲拉等人，也在不同程度上幫助了革命。這些開始覺醒的人已經不甘心為資產階級的主人當奴隸了。

劇本的結尾是意味深長的。雄壯的革命歌聲在街頭巷尾迴蕩，傳到布雷喬夫家中。害怕革命的人狼狽不堪地抱頭鼠竄，垂死的布雷喬夫望著窗外。女兒舒拉跑向窗前，注視著遊行隊伍，嚮往著窗外新的生活。

這一結尾似乎宣告了新生活即將來臨。

這部戲劇對蘇聯 1930 年代戲劇的發展有著深遠的影響。劇本「絕不矯揉造作」，也不採用說教的方式，不從形式上進行摹仿，不單純追求戲劇效果，而是「簡潔、樸實」地刻畫了一個十分複雜而又矛盾的人物。次要角色的刻畫也都十分豐滿。他們共同構成了極其廣闊的社會畫面。

榮獲崇高榮譽

　　劇本《陀斯契加耶夫等人》同《耶戈爾‧布雷喬夫等人》有著共同的主題和登場人物，不過劇情描寫的是 1917 年 7 月到 10 月這個歷史時期的事件。

　　劇本的主角是資產階級代表人物陀斯契加耶夫。他跟布雷喬夫一樣，比周圍的資本家聰明。但他是一個「兩面派」，他的口號是「適應」。他喜歡大言不慚地用達爾文的話來教訓人：

> 「我們必須適應環境！萬物之所以能夠生存，就是因為能適應環境。」

　　陀斯契加耶夫的「適應」是資產階級對抗無產階級、同無產階級進行抗爭的形式。他的社會理想是大資產階級當權的美國，他不擇手段地保全自己的財產，以便有朝一日恢復過去的地位。他是社會主義最狡猾、最危險的敵人。

　　在劇本中，同陀斯契加耶夫相對立的，是一些新生活的創造者，如拉普捷夫、多納特、李雅比寧、大鬍子兵等。

　　多納特是一位守林老人，他的形象比前一個劇本中有所發展。他被現實生活教育，而且閱歷豐富。這是一個在革命中找到真理的人物形象。

　　李雅比寧是這些人物中最突出的形象。他是一個布爾什維克，一個普通士兵。他展現了人民群眾的革命膽略、革命信心和那種對勝利的堅定信念。

　　大鬍子兵出現在劇本的結尾，他雖然是一個群眾角色，但他什麼世面都見過。作者認為這是一個很有份量的人物，是那個時代的一個典型人物。

高爾基還計劃寫第三個劇本《李雅比寧等人》，但因為各種原因，他最終沒有實現。

《瓦薩·日烈茲諾娃》本是高爾基在 1910 年就完成的劇本。這是一部揭露資產階級的戲。到 1935 年底的時候，他又將這個劇本作了改寫，而且改動很多，使它成了一個新劇本。

《瓦薩·日烈茲諾娃》的主題與小說《阿爾塔莫諾夫家的事業》，以及《耶戈爾·布雷喬夫等人》戲劇三部曲是比較接近的，只是高爾基是從一個新的角度來揭露資產階級。

這部改寫後的劇本與 1910 年的版本相比，改寫本中的瓦薩的形象寫得更加鮮明、深刻，更有說服力。而且還增加了女革命家臘塞爾的形象。這樣一來，劇本的中心就不是透過一個富商家庭來揭露資產階級生活的腐化和道德的淪喪，而是強調指出：「資產階級不可能有繼承人，未來世界的主人一定是無產階級。」

高爾基的晚年創作，稱為「俄羅斯精神生活的編年史」作品。他的不同體裁的作品。對蘇聯的社會和生活都產生了深刻的影響。

文化巨人逝世

　　由於身體的原因，高爾基自從 1928 年回到俄國後，幾乎每一年都會去義大利的蘇連多休養一段時間。1933 年 5 月，他第五次從蘇連多回到了蘇聯，從這時起，一直到他逝世的最後 3 年裡，他都一直住在莫斯科。

　　這位已經 60 多歲的老人正打算為俄國人民更積極地貢獻餘熱的時候，卻遭到了一個意外的打擊：他的獨生子、37 歲的馬克西姆·佩什科夫於 1934 年 5 月突然病逝。

　　可憐的高爾基親眼看見了兒子死前痛苦的掙扎，這令他無比痛苦。

　　高爾基一直是個慈祥的父親，他從來就沒對兒子端過父親的架子，他們的交往就像朋友一樣友好。

　　早在 1907 年，在馬克西姆小的時候，高爾基就把 10 歲的兒子送到巴黎的「俄語學校」去學習。當時高爾基流亡在義大利，從那個時候起，他一年可以與兒子相聚的日子只有兩次。

　　夏天的時候，馬克西姆會來到義大利熱那亞附近的卡布里與父親團聚；冬天的時候，高爾基則會去巴黎與兒子相會。

　　高爾基不僅把兒子培養成有教養的人，而且使兒子成為自己思想上的夥伴。他深知書籍是人類最好的老師，非常注重書籍對人的教育作用，經常給兒子寄閱讀書目，還親自買書送給兒子，閒時還和兒子一同討論共同讀過的一些書籍。

他經常建議兒子去閱讀托爾斯泰、屠格涅夫、柯羅連科的作品。高爾基在給兒子的信中說：

朋友，這些書中包含著真理，它比一切幻想和童話更為有趣。這
對我們是有用的。

高爾基盡自己的努力培養兒子熱愛一切美好事物、熱愛人民、熱愛大自然的感情。在馬克西姆第一次離開卡布里後，高爾基曾給他寫過這樣一封信：

你走了，而你栽的花，還留著，還在生長。我看見這些花，就愉
快地想，我的好兒子走後在卡布里留下了一些好東西 —— 花。
如果你隨時隨地，在你的一生中只給人們留下好東西、思想和關
於你的美好回憶，那麼你的生活就會輕鬆愉快。那時你會感到
自己是別人所需要的，這種感覺會使你的心靈豐富起來。你要知
道，給予永遠比取得更為愉快。

高爾基是一位堅定的愛國主義者，為此，他也非常重視培養兒子對俄國的熱愛。

少年的馬克西姆能夠迅速地掌握法語和義大利語，對這一點高爾基非常滿意。但是正因為這樣，他也非常擔心兒子會忘掉俄國的語言。他曾經給兒子寄過一本名叫《生動的語言》的俄語教科書，要求兒子把它當做書桌必備的書。

在那段時間，高爾基給他寫信說：

你年紀還小，又住在國外，如果忘記如何講俄語，那就不好了。應
該像熱愛母親、熱愛音樂一樣熱愛俄國的語言，應該把自己的母語
講得很流利，以便在必要時能簡單明確地向別人表達你的思想。

文化巨人逝世

你要記住，我們的俄國非常美好，要熱愛我們的俄國，要很好地
了解自己的俄國。

正是因為高爾基對兒子的教育有方，才使得成年的馬克西姆
成為了一個正直的人，並加入了布爾什維克。

1920 年代，高爾基在國外養病的時候，他始終都和兒子馬克
西姆夫婦住在一起，兒子馬克西姆是他最親近的人和助手。

早在 1917 年到 1918 年之間，當高爾基和列寧產生分歧的時
候，馬克西姆就站到了列寧的一邊，他積極參加十月革命，並不
斷地把父親的情況告訴列寧。

在 1918 年上半年，馬克西姆寫信給列寧，他說：「爸爸開始
改正錯誤，『變得左一些了』。」1919 年，馬克西姆曾想參軍上
前線，但是列寧反對他這樣做，列寧對他說：「你的前線，就在
您父親的身旁。」

馬克西姆深刻地領會了列寧說的話，並將這番話告訴了他的
母親和妻子。他懂得，幫助像高爾基這樣的父親，不僅是兒子的
職責，而且是十分有意義的工作。

1921 年，他作為外交信使出使德國，高爾基去德國養病後，
馬克西姆就一直生活在父親的身邊。他經常為父親做翻譯、影印
手稿，還經常為父親開汽車或單獨完成父親的委託。

高爾基無論從心理上還是從工作上都離不開這個獨生子，但
無情的命運卻跟他開了一個沉痛的玩笑。人們雪片般飛來的唁電
安慰了這位老人。政府的領導人聯名寫信給高爾基，他們在信中
這樣寫道：

我們與您一起哀悼，共同感受突然襲擊我們的悲痛。我們深信，您那無堅不摧的高爾基精神和偉大的意志一定可以戰勝這一次沉痛的考驗。

事實證明，高爾基精神的確是無堅不摧的，作家仍然回到他繁重的工作中。

1934 年 8 月，在高爾基的主導下，第一次全蘇作家代表大會開幕。這是蘇聯文學界的一件大事，它標誌著蘇聯文學發展到了一個新的階段。高爾基在大會上作了題為《蘇聯的文學》的總結報告。在這次大會上，他被推選為全蘇作家協會主席，從此，他在文學界的領導任務就更加繁重了。

儘管羅曼・羅蘭比高爾基年長兩歲，而且兩人的身世、經歷都極為不同，但是他們兩人都真心實意地擁護無產階級革命，熱情地盼望人類光明的未來早日來臨。他們的友誼建立在對世界上第一個社會主義國家的熱愛上，建立在共同的理想上。這種真摯、高尚的情誼在世界文壇上一直傳為佳話。

兩位作家之間的書信往來已經長達 20 年之久，但直到這一年羅蘭來到莫斯科，他們才第一次相見。兩人的友誼從 1931 年起直到高爾基逝世為止的五六年是這段友誼的巔峰。

1934 年 8 月 11 日，高爾基前往以他的名字命名的高爾基市。在兒媳和兩個孫女的陪同下，他登上一艘以他的名字「馬克西姆・高爾基號」命名的嶄新的輪船，沿著窩瓦河順流而下。

由於年老體弱，儘管周圍的人對他照顧十分周到，但高爾基此次旅行仍然顯得分外辛苦。河上潮熱憋悶，機器的噪音折磨著

他脆弱而敏感的神經。

他吃不下，睡不好，呼吸困難。然而，每當輪船停靠岸邊，他仍要強撐著身子，打起精神去接見迎接他的各級官員和工人群眾代表。

在克里米亞，高爾基休養了很長時間，身體仍然沒能康復，最後不得已放棄了赴巴黎參加世界文化大會。

高爾基在克里米亞居住的別墅旁邊，有一座荒蕪的花園，每當寫作間隙，他總要到花園裡去翻土、種花、清掃，做一些簡易輕鬆的工作。即便是這種對一般人來說是簡單的消遣，高爾基都要帶上氧氣罐，隨時進行補氧。

現在，他只擔心一件事，就是不能夠完成《克里姆‧薩姆金的一生》的寫作。他在給好朋友羅曼‧羅蘭寫信中表示了他的擔心，他在信中說：

> 我做了不少工作，但是什麼也沒有來得及完成，現在已精疲力竭，而且真有點讓人擔心。今天我咳了很多血。誠然，這並不可怕，但是像以往一樣，總是令人討厭。之所以令人生氣，是因為周圍的人都露出驚慌的神情，有的人還不斷來安慰我：不要害怕！而我害怕的只有一點：這顆心等不到我的小說完成就停止跳動。

1936 年 5 月，克里米亞的氣候乾旱而又炎熱。高爾基乘火車來到莫斯科，莫斯科也是悶熱異常，他不得不搬到鄉下去居住。

由於長途旅行的勞頓，加上身體一直不適，高爾基在哥爾克村患上了重感冒。衰弱的心臟和肺部使他一病不起，他的主治醫生使盡了各種手段，仍然沒有能夠控制住病情。

從 6 月 6 日起，《真理板》、《消息報》和其他各報開始發表高爾基的病情公報。人們十分關心高爾基，慰問電和慰問信雪片似的向哥爾克飛來，大家都希望敬愛的作家早日恢復健康。為了安慰高爾基，《真理報》還專為他印了一份不刊登病情公報的報紙。

6 月 8 日，史達林、伏羅希洛夫、莫洛托夫等布爾什維克領導人到醫院去看望病中的高爾基，不料，這竟是他們的最後一次會見。

氣喘使高爾基不能躺下來，他終日坐在圈椅裡，頑強地忍受著疾病的折磨。每當他感到輕鬆一點的時候，他可以和周圍的人們說笑，他嘲笑自己的軟弱無力。有時候他還談論文學，談論生活。

在這個時候，高爾基經常懷念列寧。他讀的最後一本書是《拿破崙傳》，它由著名歷史學家塔爾列在 1933 年完成。在這本書的書頁上，至今保留著高爾基畫的記號。但他最終沒能夠讀完這本書。

高爾基最放不下的還是他的長篇小說《克里姆·薩姆金的一生》，他多麼希望這一次還能夠挺過去。他對周圍的人說：

「我在拼著老命寫，小說的結局，主角的結局，作者的結局。只要活著，活著！未來的每一天都會帶來奇蹟。未來是無比非凡的，最有想像力的人也難以預見到！我們的生命太短暫，實在太短暫！」

他使盡全力用鉛筆在紙片上寫下自己的感受：「東西變得越來越沉重，書籍、鉛筆、玻璃杯，一切都顯得比以前小。」

文化巨人逝世

6月16日，高爾基突然感到病痛緩解了，他對醫生說：「看，我今天好多了。我堅信我會再次好起來的。」

但醫生心裡明白這只是病人臨終前的迴光返照。果然，高爾基又發起了高燒，並且咳血。彌留之際，他斷斷續續地說起對爆發世界大戰的擔心：

「要發生戰爭……必須做好準備……」

1936年6月18日，高爾基完全失去了意識。莫斯科時間上午11點10分，世界文壇一顆巨星隕落了，高爾基永遠閉上了那雙熱情、坦率而又睿智的眼睛。

蘇聯最高領導人史達林下令為高爾基舉行國葬。莫斯科蘇維埃大廈上插上了喪旗，噩耗傳遍了世界的每一個角落。

高爾基的遺體由哥爾克村運抵莫斯科，停放在蘇維埃大廈的圓柱大廳，靈柩周圍是鮮花和翠柏。國家領導人史達林為高爾基的遺體守靈。絡繹不絕的群眾趕來瞻仰他的遺容。

6月20日，莫斯科的紅場披上了黑紗，高爾基的追悼大會在這裡隆重舉行，千百萬群眾湧到這裡。會後，工作人員將把高爾基的骨灰安放進列寧墓後的克里姆林宮宮牆裡。

蘇聯人民委員會主席莫洛托夫代表蘇維埃政府在追悼會上所作的演說，表達了蘇聯人民對他們的偉大作家的深切哀悼和無比崇敬：

今無，和阿列克賽・馬克西莫維奇・高爾基訣別，我們、他的朋友和無數的他的作品的讀者與崇拜者，都感到他永遠是我們生命中的光榮的一頁……在列寧逝世以後，高爾基的逝世是我國和人類的最嚴重的損失。

附錄：高爾基年譜

1868 年 3 月 28 日，生於下諾夫戈羅德城的一戶木工家庭。

1871 年，父親去世，隨母親寄居在開染坊的外祖父家。

1884 年，外祖父家破產，只讀了兩年書的高爾基走向「人間」，當過鞋店學徒、洗碗小夥計、聖像作坊學徒等。

1884 年，懷著大學夢想到喀山。在碼頭當搬運工，在麵包房當工人，開始接觸革命青年，參加地下革命小組，閱讀馬寧書籍。

1888 年 6 月，同革命民粹派羅馬斯一造成農村進行革命宣傳。

1889 年 10 月，因同革命團體有聯絡，第一次被捕，釋放後受到憲兵的祕密監視。

1891 年，為了進一步了解現實，以打零工謀生步行漫遊南俄。

1892 年 9 月，第一篇小說《馬卡爾‧楚德拉》發表，開始用高爾基的筆名。

1894 年，接連發表不少短篇小說，其中著名的有《伊則吉爾老婆子》，並開始為大型刊物寫稿。

1895 年，在首都大型刊物上發表《切爾卡什》等作品，引起首都評論界的注意。發表《鷹之歌》。

1901 年 3 月〈海燕之歌〉發表；4 月，被捕；5 月，被保釋囚禁在家；9 月，被流放。10 月，被批准去克里米亞治病，一路上受到革命群眾熱烈歡迎。劇本《小市民》寫成。

1902 年 2 月，俄國科學院會議選舉高爾基為名譽院士，沙皇下令取消；3 月，列寧主編的《火星報》發表義章表示抗議。高爾基積極為社會民主黨籌措經費。12 月，劇本《在底層》演出取得很大成功。

1905 年 1 月 9 日，目睹 1 月 9 日流血事件，憤怒起草《告全國公民及歐洲輿論界書》，控訴沙皇政府暴行，因此被捕。在國內外壓力下，沙皇政府被迫釋放了他，仍給以祕密監視。下半年，參加布爾什維克黨。10 月組織出版布爾什維克公開報紙《新生活報》。12 月，莫斯科武裝起義失敗。高爾基積極參加莫斯科起義。

1906 年 2 月，為避開沙皇政府的迫害，到美國，寫了長篇小說《母親》、劇本《仇敵》和一系列批判帝國主義的政論。《母親》在美國雜誌上分章發表。10 月離美國，抵義大利，在卡普里島住下。

1910 年 6 月，又一次會見列寧，向列寧談到想寫一部資本家家庭沒落史。列寧建議留到革命勝利後再寫。

1914 年，主編出版《無產階級作家選集》。主編反對帝國主義戰爭的刊物《年鑒》。

1916 年，自傳小說第二部《在人間》發表。

1921 年，健康惡化，接受列寧的建議，出國療養。

1923 年，《我的大學》發表。

1924 年 1 月 1 日，列寧逝世，寫回憶錄《列寧》。

1925 年，完成長篇小說《阿爾塔莫諾夫家的事業》。

1926 年，開始寫《克里姆‧薩姆金的一生》（1926—1936）。

1928 年，國內慶祝高爾基 60 誕辰和文學活動 35 週年。5 月，回莫斯科。

1929 年，主編雜誌《我們的成就》。發表特寫《蘇聯遊記》。主編《文學學習》、《在國外》等雜誌。

1932 年 9 月，被授予「列寧勛章」，他的出生地命名為高爾基市。編《工廠史》、《國內戰爭史》。

1934 年 8 月，在蘇聯第一次作家代表大會當選為蘇聯作協主席。

1936 年，繼續寫作《克里姆‧薩姆金的一生》。6 月初，患病；6 月 18 日逝世，終年 68 歲。

激昂的筆耕者高爾基：

幸福孕育在痛苦之中，光明誕生於絕望之處！
以此為名，震撼世界

編　　著：潘于真，魏光樸

發 行 人：黃振庭

出 版 者：崧燁文化事業有限公司

發 行 者：崧燁文化事業有限公司

E-mail：sonbookservice@gmail.com

粉 絲 頁：https://www.facebook.com/
　　　　　sonbookss/

網　　址：https://sonbook.net/

地　　址：台北市中正區重慶南路一段六十一號八
　　　　　樓 815 室

Rm. 815, 8F., No.61, Sec. 1, Chongqing S. Rd.,
Zhongzheng Dist., Taipei City 100, Taiwan

電　　話：(02)2370-3310

傳　　真：(02)2388-1990

印　　刷：京峯彩色印刷有限公司（京峰數位）

律師顧問：廣華律師事務所 張珮琦律師

定　　價：299 元

發行日期：2022 年 09 月第一版

◎本書以 POD 印製

國家圖書館出版品預行編目資料

激昂的筆耕者高爾基：幸福孕育在
痛苦之中，光明誕生於絕望之處！
以此為名，震撼世界 / 潘于真，魏
光樸編著 . -- 第一版 . -- 臺北市：
崧燁文化事業有限公司 , 2022.09
　　面；　公分
POD 版
ISBN 978-626-332-727-6(平裝)
1.CST: 高 爾 基 (Gorky, Maksim,
1868-1936) 2.CST: 傳記
784.88　111013884

電子書購買

臉書